www.tredition.de

AF202369

Nica Gerberg

Neubeginn Für Vier Pfoten

Ein Tierschutzhund
zieht bei uns ein

www.tredition.de

© 2021 Nica Gerberg
Autorin: Nica Gerberg
Buchcoverdesign:
Sarah Buhr / www.covermanufaktur.de unter Verwendung Stockgrafiken von Choat / Adobe Stock sowie ChristinLola / iStock
Verlag und Druck:
tredition GmbH, Halenreie 40-44, 22359 Hamburg

ISBN
Paperback: 978-3-347-29691-6
Hardcover: 978-3-347-29692-3
e-Book: 978-3-347-29693-0

Das Werk, einschließlich seiner Teile, ist urheberrechtlich geschützt. Jede Verwertung ist ohne Zustimmung des Verlages und des Autors unzulässig. Dies gilt insbesondere für die elektronische oder sonstige Vervielfältigung, Übersetzung, Verbreitung und öffentliche Zugänglichmachung.

Für unsere Hündin, deren Leben so wichtig ist, dass ich Menschen daran teilhaben lassen möchte.

Prolog

Ich wollte schon immer einen Hund haben. Einen kuscheligen Freund an meiner Seite, der immer und überall zu mir hielt. Mit dem ich durch dick und dünn gehen konnte. Ich hatte auch schon ein genaues Bild von diesem Hund. Es sollte ein Collie sein. Als Kind fragte ich darum regelmäßig meine Familie, ob wir nicht einen Hund bei uns aufnehmen könnten. Meine Großeltern, bei denen ich aufwuchs, gaben sich Mühe, meinen Wunsch nach einem tierischen Gefährten irgendwie zu erfüllen. Aber ein Hund kam für sie nicht in Frage.

Und so bekam ich mit Eintritt in die Grundschule einen Kanarienvogel geschenkt. Wir tauften ihn Hansi. Er lebte fortan im Käfig auf dem Schrank in meinem Kinderzimmer. Ich gab mir große Mühe, ein Verhältnis zu ihm aufzubauen, aber leider wurden Hansi und ich keine Freunde. Das lag einerseits daran, dass die Spielmöglichkeiten mit einem Vogel sehr begrenzt waren. Ich war zu der Zeit erst sieben Jahre alt und hatte wenig Vorstellungskraft. Auch mit dem Kuscheln war das so eine Sache. Ich wollte Hansi ja nicht durch eine herzliche Umarmung verletzen. Sicherlich sind Vögel sehr kluge und gesellige Tiere, aber ich hatte mich damals so auf einen Hund gefreut. Darum konnte kein Tier als Ersatz dienen.

Nach unserem Umzug von der Stadt aufs Land durfte ich dann heimatlose Katzen behalten. Die Streuner kamen in regelmäßigen Abständen zu unserem Haus, maunzten herzzerreißend und suchten unsere Gesellschaft. Da unser Haus sehr abgeschieden lag, kannten wir die wenigen Katzen der Umgebung sehr gut und wussten, dass wir es in allen Fällen mit einem herrenlosen Tier zu tun hatten.

Obwohl ich mit meinen Katzen glücklicher war als mit Hansi, dem mittlerweile alternden, aber noch gesunden Kanarienvogel, blieb die Sehnsucht nach einem Hund bestehen.

Ich las über die Jahre viele Bücher über Hundethemen wie Rassenkunde, Pflege, Aufzucht, Training, Spiele und Ernährung, so dass ich mich wirklich fit fühlte, was das Thema betraf. Theoretisch! Praktisch fehlte mir einfach die Zeit, das Geld und der Platz, um ein Tier artgerecht zu halten.

Und so vergingen die Jahre - bis sich meine Lebenssituation schlagartig veränderte! Durch meine Heirat hatte ich die Möglichkeit, meine Arbeitszeit reduzieren zu können, was ich dankbar tat. Jetzt hatte ich endlich die erforderliche Zeit und auch den Raum, um mich ausreichend um einen Hund und seine Bedürfnisse kümmern zu können. Mein Mann war ebenso begeistert von der Idee, einen Hund bei uns aufzunehmen. Also schien alles perfekt.

Als wir Luna vor 4 Jahren zu uns holten, ahnten wir nicht wirklich, was auf uns zukommen würde. Wir hatten und haben definitiv Höhen und Tiefen in unserer Beziehung zu ihr, wobei die guten Erfahrungen überwiegen. Luna gehört zu uns, und wir sind froh, dass es sie gibt!

Teil I

Die Suche

Mein Mann und ich wussten schon nach einer kurzen Bedenkzeit, dass wir einen Hund bei uns aufnehmen würden. Wir lebten zu der Zeit in einer geräumigen Wohnung, die von einer großen Rasenfläche umgeben war. Da wir in das Erdgeschoss eingezogen waren, brauchten wir nur die Terrassentür öffnen, um die Wohnung praktisch zu vergrößern und einem Hund damit mehr Raum zur Bewegung bereitzustellen.

Während ich noch blutige Hundeanfängerin war, hatte mein Mann schon einige Hundeerfahrungen in seinem Leben gesammelt. Sein Vater hatte immer Hunde gehabt, und somit war er mit diesen Tieren vertraut. Außerdem ist er oft ehrenamtlich mit Hunden aus dem benachbarten Tierheim spazieren gegangen.

Wir waren uns einig, dass es ein Hund aus einem Tierheim sein sollte. Dabei war es wichtig, ein älteres Tier auszuwählen. Ob Männchen oder Weibchen spielte hierbei keine Rolle. Auch nicht Rasse, Größe oder eventuelle körperliche Einschränkungen. So gingen wir ganz frei an die Suche heran. Mein Mann schaute sich im Internet nach Hunden für uns um, wobei er auch erstaunlich schnell fündig wurde – und das sogar in unserer unmittelbaren Umgebung.

In einem Tierheim lebte ein Rottweiler, der meinem Mann aufgefallen war. Er zeigte mir Fotos von dem Hund im Internet und wirkte sehr enthusiastisch.

„Wir sollten ihn unbedingt mal besuchen. Schau mal, was für ein schönes Tier!", schwärmte mein Mann.

Ja, der Hund war sehr schön, meine Begeisterung hielt sich jedoch in Grenzen. Mein erster Hund sollte ein Rottweiler werden? Ich hatte an sich nichts gegen diese sehr schöne und treue Rasse einzuwenden, hatte aber Bedenken, ob das wirklich ein Anfängerhund sein könnte. Ich las dann einen Begleittext zu dem Foto, der die positiven Seiten dieses Hundes anpries, aber auch gleich auf eventuelle Schwierigkeiten in Hinblick auf seine Haltung aufmerksam machte.

„Ich weiß nicht, ob der Hund wirklich der Richtige für uns ist", gab ich zu bedenken. Schließlich wäre ich auch diejenige, die die meiste Zeit des Tages mit dem Rottweiler verbringen würde. Marvin war überdies erst zwei Jahre alt. Eine große Aufgabe, im wahrsten Sinne des Wortes. Fast 60 Kilogramm ungezügeltes Temperament – und ich messe gerade einmal 1,53 m! Ich hatte Respekt vor der Aufgabe.

Die Internetseite zeigte auch andere Tiere, die auf die Vermittlung in eine neue Familie warteten. Leider gibt es generell so viele Hunde,

Katzen und wundervolle andere Tiere, die ein neues Zuhause brauchen. Ich nahm den Laptop und begann meinerseits die Seiten mit den zu vermittelnden Hunden durchzuarbeiten.

Da entdeckte ich sie. Ihr Name war Luna. Sie war damals ein 6 Jahre alter Schäferhund-Mix mit einer unbekannten Vorgeschichte. Auf dem Foto wirkte sie fröhlich, sehr aufmerksam und dem Menschen, der sich gerade mit ihr beschäftigte, zugewandt. Das Foto war im Freien aufgenommen worden, und der Hintergrund war in hellen satten Farben gehalten. Insgesamt ein sehr ansprechendes Bild. Der daneben stehende Text erzählte nur kurz über die Kommandos, die Luna bisher erlernt hatte und dass sie kein Tier für Hundeneulinge wäre.

Luna gefiel mir auf Anhieb. Ich zeigte meinem Mann das Foto, der aber leider nur ein mäßiges Interesse an Luna hatte. Wir beschlossen, die beiden Hunde am nächsten Wochenende im Tierheim zu besuchen.

Der erste Kontakt

Das Tierheim lag nur ca. 20 Minuten Autofahrt von unserem Wohnort entfernt. Ideal für einen kurzen Besuch. Gespannt auf unsere beiden Kandidaten, parkten wir auf dem großzügigen Platz vor dem Tierheim.

Das Heim war ruhig gelegen und sah gepflegt aus. Lautes Bellen empfing uns. Im Haus schlug uns dann der bekannte Tierheimgeruch in die Nase. An den Wänden hingen viele Bilder. Auch von ehemaligen Tieren, die vermittelt worden sind. Infobroschüren und Werbung von Tiertrainern waren überall verteilt.

Wir waren nicht die einzigen Besucher an diesem Nachmittag im Februar. Einige Paare und

Familien hatten sich auf dem Gelände verteilt. Das Tierheimpersonal lief geschäftig herum.

Ich kannte diese Geschäftigkeit noch aus der Zeit, in der ich ehrenamtlich auf dem Flohmarkt des Tierschutzvereins in meiner früheren Heimatstadt mitgeholfen hatte. Die Leute spendeten dort Gegenstände des täglichen Bedarfs oder Möbel, die sie nicht mehr gebrauchen konnten oder haben wollten. Wir ehrenamtlichen Helferinnen und Helfer haben diese Sachspenden dann mehrere Male im Jahr auf einem großen und gut besuchten Flohmarkt verkauft. Mit dem eingenommenen Geld konnte Futter gekauft, Impfungen und Kastrationen u.v.m. bezahlt werden.

Das Gebäude war insgesamt zweckmäßig eingerichtet. Es gab ein kleines Büro für die Heimleitung, das zu der Zeit aber nicht besetzt war.

An jenem Sonntag war also viel los. Neben der Gruppe der Interessierten warteten auch die Gassi-Geher auf ihren Einsatz. Wir waren, ehrlich gesagt, etwas ungeduldig. Darum beschlossen wir nach kurzem Zögern das Tierheim auf eigene Faust zu erkunden.

Wir fanden Marvin in einem der Außengehege. Er war wirklich imposant. Ein stattliches Tier. Mein Mann näherte sich ohne Scheu, während ich in respektvollem Abstand stehen blieb. Teils, weil ich wirklich nicht wusste, ob ich mich nähern sollte. Teils, weil ich erst um Erlaubnis des Personals fragen wollte, Marvin kennenlernen zu dürfen.

Mein Mann fand echtes Gefallen an dem Rottweiler. Ich hatte den Rüden ja nun gesehen, musste aber zu meinem Bedauern feststellen, trotz schlechten Gewissens, dass ich mich nicht für Marvin erwärmen konnte. Das Tier war respekteinflößend. Ich empfand sogar etwas Angst, wenn ich ehrlich sein sollte. Die Aufgabe, den noch jungen Marvin mit seinem übersprudelnden Temperament erziehen zu dürfen und das ganz ohne praktische Vorerfahrungen, erschien mir zu groß. Wie ich das meinem Mann beibringen würde, der offensichtlich ein bisschen in Marvin verliebt war, wusste ich noch nicht. Er wollte noch etwas Zeit mit dem Hund verbringen, um ihn besser kennenzulernen. Gerne, so sagte er mir, würde er in sein Gehege gehen. Darum wollte er auf jemanden vom Tierheimpersonal warten.

Weil ich mir wie das berühmte fünfte Rad am Wagen vorkam, machte ich mich schließlich auf die Suche nach meinem Besuchshund. Ich ging über das gesamte Außengelände, konnte Luna draußen aber nirgendwo entdecken.

Vielleicht ist sie gerade mit einem Gassi-Geher unterwegs, dachte ich. Das wäre aber sehr schade gewesen, denn ich wollte Luna gerne besuchen und sie kennenlernen.

Ich fand Luna schließlich drinnen im Gebäude. Sie lag allein in ihrem Zwinger zusammengerollt in einem großen Körbchen zwischen gemütlich aussehenden Decken und einigen Spieltieren. Der Hundezwinger war wirklich liebevoll gestaltet worden. Ohne Frage mochten die Menschen hier die kleine Luna.

Klein sah sie wirklich aus, wie sie so dalag mit ihren vielen Decken, aber keineswegs krank oder ungepflegt. Sie schaute nur kurz auf, als ich stehenblieb und sie ansprach.

„Hallo meine Kleine!" Ihre Augen blickten mich unendlich traurig an.

Unsicher sah ich mich um, konnte aber keinen anderen Hund oder einen der Tierpfleger entdecken. Offensichtlich waren wir ganz alleine auf dem Flur.

Ich hockte mich hin und blickte wieder zu Luna. Leise sprach ich sie erneut an, aber ihr Interesse an mir war verflogen. Sie senkte den Kopf und wirkte wieder sehr ängstlich. Scheu schaute sie mich manchmal von unten her an. Ein Bild des Elends.

Irgendwann hielt ich es nicht mehr aus. Schnell verabschiedete ich mich und ging zurück in die Sonne zu meinem Mann. In meinem Kopf bildete sich hartnäckig der eine Satz: *Wir haben einen Hund!*

Doch leider gestaltete sich die ganze Sache nicht so einfach, wie ich es mir gedacht hatte

Chance vertan

Im Auto dann begann eine rege Diskussion: wir spielten das Für und Wider durch. Mein Mann hatte sich Luna nur kurz auf dem Weg zum Parkplatz angesehen und teilte meine Meinung leider nicht, dass sie für uns der ideale Familienhund wäre – zumal für mich als Hundeneuling. Ich meinerseits konnte die Meinung nicht teilen, dass Marvin sehr gut zu uns passen würde. Wir erkannten, dass es noch eine Menge Redebedarf geben würde.

Die Tage vergingen und das Thema Hund fiel unter den Tisch. Es gab gerade so viele andere Dinge zu regeln. Ich hatte eine neue Arbeitsstelle gefunden und musste mich dort erst einmal zurecht finden, und mein Mann war auf der Suche nach einem kleinen und finanziell erschwinglichen Haus für uns. Natürlich sollte das Grundstück auch einen großzügigen Garten mit viel Auslauf für den Hund haben.

Ca. 3 Wochen nach unserem Besuch im Tierheim, hatte mein Mann unerwartete Neuigkeiten. Er hatte einen Termin mit der Heimleitung verabredet, um mit ihr über die Vermittlung von Marvin zu sprechen. Mein Mann konnte den jungen Rottweiler also nicht vergessen. Er sagte, er wäre überzeugt, dass ich mich genauso in Marvin verlieben könnte, wenn ich ihm eine Chance geben würde. Darum ja auch der Termin unter der Woche, wo wir wirklich Zeit für ein intensives Gespräch hätten und gleichzeitig die Möglichkeit, Marvin auch mal beim Gassi gehen zu erleben.

Ich war, ehrlich gesagt, nicht bereit, mich auf die Sache einzulassen und ließ ihn den Termin alleine wahrnehmen. Für mich stand fest: Luna oder erst einmal gar keinen Hund. Ich konnte den Blick aus diesen traurigen Hundeaugen nicht vergessen. Ob es der Hündin wohl immer noch seelisch schlecht ging? Ich wünschte mir von Herzen, dass sie ihre Fröhlichkeit und den Spaß am Leben wiederfinden würde. Natürlich würde Luna es bei uns gut haben. Dafür würden mein Mann und ich gerne sorgen.

Als mein Mann dann nach einiger Zeit wieder von dem Treffen nach Hause kam, sah er ein wenig geknickt aus. Und wieder gab es Neuigkeiten.

„Marvin kommt jetzt auf eine Pflegestelle bei einer Tierärztin. Er erscheint allen Verantwortlichen zu unberechenbar zu sein, als dass sie ihn uns ruhigen Gewissens anvertrauen könnten. Die Ärztin will ihm jetzt erst einmal Grundkenntnisse im Gehorsam beibringen, bevor sie überhaupt an eine Vermittlung denken können."

Mein Mann tat mir schon etwas leid, aber eigentlich war ich erleichtert, dass uns die Entscheidung für oder gegen Marvin von anderer Stelle abgenommen worden war. Jetzt sah ich Lunas Stunde gekommen.

„Lass es uns doch mit der Schäferhündin versuchen", schlug ich vor. „Wir konnten sie an dem Besuchstag gar nicht richtig erleben. Sie ist dieses Mal bestimmt draußen bei den anderen Hunden und besser gelaunt."

Mein Mann willigte ein, und ich bat ihn, einen neuen Termin unter der Woche abzumachen.

Leider waren wir mit unserer Anfrage zu spät. Luna war bereits in Vermittlung. Sie lebte probeweise bei einer Familie. Ihr Bild war schon von der Internetseite des Tierheims entfernt worden. Natürlich freute ich mich für sie, ärgerte mich aber insgeheim, dass ich nicht hartnäckiger gewesen war. Ich hätte nicht aufgeben dürfen und um sie kämpfen sollen. Aber jetzt war es zu spät.

Dachte ich.

Eine zweite Chance

Die weitere Suche nach einem Hund verlief im Sand. Teils fehlte uns einfach die Zeit, im Internet zu stöbern, teils waren wir auch etwas ernüchtert. Aber was hatte ich mir auch gedacht? Dass es keine anderen Interessenten gibt, die gerne einen Heimhund bei sich aufnehmen würden? Dass das Tierheim nur auf uns gewartet hatte?

Unser erster Anlauf war also wenig erfolgreich gewesen, und wir hatten das Thema Hund kurzzeitig ad acta gelegt. Das änderte sich zwei Monate später mit einer unerwarteten Neuigkeit: Luna sei wieder in Vermittlung! Mein Mann hatte sie beim Stöbern auf der Seite des Tierschutzvereins wieder entdeckt. Da ich in der Vergangenheit sicher gewesen war, dass sie ideal für uns und wir ideal für sie wären, wollte mein Mann sie sich noch einmal ansehen.

Dieses Mal hatten wir aus unserem Fehler gelernt und sprachen gleich auf den Anrufbeantworter des Tierheimes. Dort baten wir erneut um einen Termin, um Luna besuchen zu dürfen.

Die Heimleitung meldete sich sehr schnell bei uns, erzählte uns aber, dass es wahrscheinlich keine gute Idee sei, speziell diesen Hund kennenzulernen. Es hatte einen Vorfall bei der letzten Familie gegeben, in die sie erst kürzlich vermittelt worden war. Momentan bezweifle man im Tierheim, ob Luna überhaupt in nächster Zeit oder überhaupt vermittelbar sei.

Aber wir ließen uns nicht abwimmeln und baten hartnäckig um einen Termin für die hübsche Schäferhündin. Ich hatte viele Fragen: Meinten die wirklich das gleiche Tier wie ich? Die kleine Seele, die mit großen traurigen Hundeaugen zusammengerollt in ihrem Körbchen gelegen hatte? Was für eine Art Vorfall sollte das bitte schön gewesen sein? Wir brauchten Klarheit.

Und so fuhren wir unter der Woche erneut in das Tierheim. Die Leitung wartete schon auf uns, und wir gingen zusammen zu einem Außengehege. Dort war Luna, alleine im Zwinger und munter. Jetzt konnten wir das erste mal erkennen, wie klein sie eigentlich war. Sie sah aus wie ein Schäferhund – keine Frage. Jedoch war sie deutlich kleiner. Offensichtlich ein Schäferhund-Mix und ein sehr schönes Tier. Sie bellte wild und lief am Zaun unruhig auf und ab. Ich fragte mich wieder, was da in der letzten Familie wohl vorgefallen war.

Die Erklärung kam prompt.

Ein Härtefall

Es war kaum möglich, die Heimleitung akustisch zu verstehen. Die vielen Hunde machten lautstark auf sich aufmerksam. Was ja auch nicht verkehrt war, jedoch etwas störend, wenn man den Ausführungen aufmerksam folgen wollte. Ich erinnere mich, dass die Leitung sagte, Luna wäre nach kurzer Zeit auffällig geworden, von Dominanz und Aggression war die Rede gewesen. Daher hatte die Familie keine andere Wahl gehabt, als Luna wieder zurück zu bringen. So einen Hund wollte die Familie nicht bei sich wohnen haben.

Ich wurde ganz still, mein Gesicht ausdruckslos. In mir brodelte es gewaltig. Ich wollte Luna kennenlernen, ihr ein neues Heim geben. Aber unter diesen Umständen? War sie denn gefährlich? Ich wusste, dass Schäferhunde nicht zu den harmlosesten Rassen gehörten. Aber schließlich war sie doch nicht reinrassig! Und überhaupt: Vielleicht hatten die Leute gegenüber Luna ein falsches Verhalten an den Tag gelegt, es gab ein Missverständnis und Luna war die eigentliche Leidtragende, weil sie sich nicht wehren konnte – jedenfalls nicht mit Worten. Aber wie genau hat sie sich denn als dominant gezeigt? Mit Knurren? Zähne zeigen? Oder noch arger?

Die Heimleiterin erzählte uns dann, warum Luna überhaupt im Tierheim gelandet war. Die Geschichte war wirklich unerfreulich, denn sie hatte einen Menschen gebissen und war bereits dem Ordnungsamt gemeldet worden. Sie durfte sich keinen zweiten Fehltritt leisten.

Das war eine schwerwiegende Information. Ich fragte mich, warum das nicht wenigstens andeutungsweise im Begleittext zu Lunas Bild auf der Internetseite gestanden hatte. Hätte das mein Interesse an ihr von Anfang an im Keim erstickt?

Was jetzt? Natürlich wusste ich, dass alle Hunde in Tierheimen eine Vergangenheit haben würden. Es gibt die unterschiedlichsten Gründe, warum sie dort sind. Einige dieser Gründe werden eher unerfreulich sein, vielleicht so sehr, dass man sie gar nicht hören möchte.

Ich war zu arglos gewesen. Sollte ich mich durch Lunas Geschichte oder die eines anderen Hundes abschrecken lassen?

Was war die Alternative? Luna blieb für den Rest ihres Lebens im Heim, ohne Chance auf Vermittlung? Oder gab es doch jemanden, der mit der entsprechenden Kenntnis und Hundeerfahrung helfen konnte? Oder ganz naiv gedacht: vielleicht verhielt sie sich bei uns ja anders als bei den anderen? Es konnte ja durchaus sein, dass sie auf Kinder nicht gut zu sprechen war, weil sie als Welpe schlechte Erfahrungen machen musste. Wer weiß? Oder sie war das Leben auf dem Land gewohnt und war nun in eine Stadt vermittelt worden. Das war für Luna bestimmt so ungewohnt gewesen, dass sie unsicher reagiert hat. Aber alle Gedanken waren reine Spekulation.

Mit gemischten Gefühlen entschlossen wir uns, mit Luna spazieren zu gehen. Ich sah meinem Mann an, dass er auch etwas ratlos war. Ich hingegen war so verwirrt, dass ich Abstand von Luna hielt und meinem Mann die Leine überließ.

Der erste Spaziergang

Mein Mann lief vor mir her die Straße entlang. Sie war ziemlich kurvig und nicht gerade sicher für Fußgänger. Da das Tierheim in einem ländlichen Gebiet lag, fanden wir aber schnell einen geeigneteren Weg für unseren Spaziergang.

Luna lief an der Spitze unserer kleinen Karawane und schaute sich dabei nach einigen gemachten Schritten zu uns um. Mein Mann wertete das als ein gutes Zeichen. „Luna ist sehr aufmerksam", meinte er.

Ich war indessen in meinen Grübeleien versunken. Wäre es besser, die Sache aufzugeben? Die Leiterin des Tierheims schien uns regelrecht von Luna abzuraten. Besonders als sie hörte, dass meine praktischen Erfahrungen mit Hunden minimal waren.

Vielleicht wäre es besser, wir würden einen anderen Hund auswählen, dachte ich. Es gab ja so viele kleine Seelen, die ein neues Zuhause suchten. Die Tierheime platzen schier auseinander vor niedlichen und sicherlich unkomplizierteren Hunden.

Von meinen Grübeleien nichts ahnend lief Luna weiter voran, schnüffelte hier und da und hatte offensichtlich kein Problem, an der Leine zu gehen. Sie zog meinen Mann nicht hinter sich her, hörte auf Kommandos und gab sich sehr umgänglich. Die Hündin lief leichtfüßig und sichtlich an ihrer Umwelt interessiert immer am Rand der Fahrbahn entlang. Es gab keinerlei Zwischenfälle auf unserem ersten Spaziergang, der etwa eine halbe Stunde dauerte.

Bei der Rückkehr wurden wir gefragt, ob wir Spaß gehabt hatten. Ehrlich gesagt hatte ich mir den Spaziergang chaotischer vorgestellt. Der Gang an der Leine war super verlaufen und es hatte keinerlei Anzeichen dafür gegeben, dass Luna nicht gehorchte. Alles war gut gegangen.

Wir verabschiedeten uns bei der Heimleitung und gingen, jeder in seinen eigenen Gedanken vertieft, zum Auto.

Auf der Fahrt nach Hause tauschten mein Mann und ich uns über die gewonnenen Eindrücke aus. Alles war bestens gelaufen. Der Hund schien friedlich zu sein, Grundkommandos zu beherrschen und unkompliziert zu sein. Mein Mann war mittlerweile begeisterter, als er noch bei unserer Abfahrt von zu Hause gewesen war.

„Ich denke, wir sollten sie am Wochenende noch einmal besuchen", sagte er.

Aber ich war mir nicht so sicher, ob wir sie wiedersehen sollten. Schließlich schien sie Menschen gegenüber nicht harmlos zu sein. Trotz meines nagenden Gefühls der Unsicherheit, ob es das Richtige war, beschlossen wir, Luna am nächsten Wochenende im Tierheim erneut einen Besuch abzustatten.

Das Wochenendritual

Als wir einige Tage später zum Tierheim fuhren, waren wir positiv gestimmt. Wir hatten viel gesprochen und dann vereinbart, es mit Luna zu versuchen. In welcher Form auch immer.

Wenn sie nicht zur Vermittlung geeignet war, dann wollten wir regelmäßig mit ihr spazieren gehen. Aber unser Ziel war gesetzt. Wir wollten hartnäckig bleiben. Luna war so ein wunderbares Tier, und sie hatte eine neue Chance verdient! Und diese Chance sollte mit uns sein.

Auch der zweite Spaziergang verlief ohne Probleme. Diesmal führte *ich* Luna an der Leine und war erfreut, dass sie auch mich als Bezugsmenschen akzeptierte.

Die Tierheimleiterin blieb derweil skeptisch. Uns war klar, dass sie nicht noch einmal den Fehler machen wollte, den Hund zu früh in eine Familie zu vermitteln. Wir fanden das völlig in Ordnung und freuten uns sehr, dass die Verantwortlichen im Tierheim ihre Aufgabe ernst nahmen. Schließlich bedeutete es jedes mal für Luna, ihr neu gewonnenes Rudel wieder zu verlieren, falls die neuen Besitzer enttäuscht von ihr waren. Das konnte man keinem Tier zumuten.

Wir blieben also hartnäckig an unserem Ziel dran und erhöhten unsere Besuche auf zweimal wöchentlich. Die kleine Schäferhündin freute sich jedes Mal, wenn sie uns erkannte. Dann lief sie laut bellend an den Gittern ihres Außengeheges entlang. Sie konnte gar nicht schnell genug zu uns kommen. Die Pfleger konnten ihr vor lauter Bewegungsdrang kaum das Geschirr anlegen.

Für Luna waren wir über die vielen Wochen eine feste Konstante in ihrem Leben geworden. Sie gewöhnte sich an uns, und wir uns umgekehrt an sie. Aber wann wurde es Zeit für den nächsten Schritt? Hatten wir das Vertrauen der Verantwortlichen so weit gewonnen, dass sie uns erlauben konnten, Luna mit nach Hause zu nehmen? Für einen Tag vielleicht? Ein paar Stunden wenigstens? Wir waren neugierig, ob unsere neue Freundin das Einverständnis bekommen würde.

Verwandte

Luna zu besuchen war das Eine. Der Verwandtschaft von unserem „Familienzuwachs" zu berichten das Andere. Meine Schwestern hatten regelrecht Angst vor Fellschnauzen. Aber wenn Luna in Zukunft zu uns gehören sollte, würden wir sie selbstverständlich zu Familientreffen mitnehmen.

Also rief ich meine Mutter an und erzählte ihr von Luna und unserer Absicht, sie bei uns aufzunehmen. Ich konnte die Reaktion im voraus ahnen.

„Na, hast du dir das auch gut überlegt?", fragte meine Mutter skeptisch. „Ein Hund ist wie ein Kind. Du musst ihn betreuen und kannst nicht mehr so spontan sein wie früher. Und was ist überhaupt mit deiner Arbeit? Kannst du das bewerkstelligen? Schließlich musst du spazieren gehen mit dem Tier, und da bleibt doch die Flexibilität auf der Strecke."

Natürlich hatten mein Mann und ich das schon alles durchdacht. Ich arbeitete zu der Zeit nur einige Stunden pro Woche. Mein Arbeitsort war nur einige Kilometer entfernt, und ich konnte das Spazierengehen so planen, dass Luna gut versorgt war. Es sprach wirklich nichts dagegen.

„Und wenn alle Stricke reißen, gibt es da noch eine Tierpension ganz in der Nähe von meiner Arbeitsstelle. Luna könnte solange da bleiben, bis ich sie nach Dienstschluss wieder abhole", beschwichtigte ich die Bedenken meiner Mutter.

„Alles schön und gut, aber hast du nicht doch etwas Angst vor dem Hund? Schließlich ist sie nicht grundlos in das Tierheim abgeschoben worden."

Mit der Bemerkung traf sie einen wunden Punkt. Ganz angstfrei war ich wirklich nicht. Aber wer weiß? Vielleicht lief es bei uns ja besser als bei den Vorgängern?

Der nächste Schritt

Es vergingen einige Monate, bis wir Luna für einen ganzen Tag zu uns nehmen konnten. Die Heimleiterin war mittlerweile zu dem Schluss gekommen, dass wir uns wirklich sicher waren mit der Entscheidung, ihr Sorgenkind zu uns zu holen. Wir hatten Luna mit der Zeit sehr gern gewonnen. Das Laufen mit ihr war zu einem festen Bestandteil unserer Wochenendplanung geworden.

Wenn wir den Außenbereich des Tierheimes betraten und zu Luna gingen, war sie kaum mehr zu bändigen vor lauter Freude. Durfte sie endlich den Käfig verlassen, lief sie schnurstracks auf meinen Mann zu. Ganz klar: er war ihr Liebling. Seine souveräne Ausstrahlung und sein selbstbewusstes Auftreten gefielen ihr offensichtlich. Ganz im Gegenteil zu meiner quirligen Art.

Alpha war also erwählt. Nur schade, dass mein Mann so wenig Zeit mit ihr verbringen würde. Schließlich musste er täglich arbeiten und dafür auch eine lange Anfahrt auf sich nehmen. Somit war ich in Zukunft Lunas Hauptbezugsmensch.

Ich denke jeder von uns war aufgeregt, als der große Tag des ersten Besuches kam. Wir hatten bereits ein Körbchen vom Tierbedarfsladen besorgt, bekamen aber ihre eigene Decke vom Tierheim mit, sowie ihre Leine und alle anderen wichtigen Utensilien. Und natürlich blieb die Frage, ob Luna das Autofahren überhaupt schon kannte. Vielleicht wurde sie ja schnell reisekrank oder was noch schlimmer wäre: vielleicht wollte sie gar nicht in unser Auto einsteigen.

Wir wurden zu unserem Auto eskortiert und erhielten noch einen Anschnallgurt für Hunde, der Luna auf der Rückbank gut sichern sollte.

Wir konnten gar nicht so schnell schauen, da hatte Luna schon auf der Rückbank Platz genommen. Mutig war sie also. Das war schon mal gut. Sie ließ sich anschnallen und wartete dann ungeduldig, dass es endlich losgehen sollte.

„Hier, nochmal die Übergabepapiere und Pflegevereinbarung mit unserer Telefonnummer. Falls es irgendwelche Fragen gibt, rufen Sie gerne an", sagte die Tierpflegerin zu uns. „Lieber zu viel nachfragen als gar nicht." Da hatte sie recht.

„Und nicht vergessen: Luna muss pünktlich um 17 Uhr wieder bei uns im Heim sein." „Na klar, das schaffen wir", antwortete ich.

Mein Mann und ich stiegen ins Auto ein und fuhren los. Aufgeregt, wie es Luna wohl gefallen würde, einen Ausflug ins Ungewisse mit uns zu machen.

Die Autofahrt gestaltete sich dann als sehr anstrengend. Luna jaulte ununterbrochen und bewegte sich gestresst hin und her. Sie hörte nur kurz auf, wenn ich ihr ein Leckerli nach hinten reichte. Aber insgeheim hatte ich Angst, dass sie doch reisekrank werden könnte und sich auf unsere Rückbank übergeben würde. Und ich lieferte kontinuierlich die Munition dafür.

Wir waren beide froh, als wir dann an unserer Wohnung ankamen. Aber Luna sicher nicht minder.

Das nächste mal nehme ich meine Ohrenstöpsel mit, schwor ich mir.

Mein Mann nahm unseren Gast an die Leine und ging mit ihr hinein. Neugierig beschnüffelte Luna jede Ecke und schaute sich alles genau an. Wie selbstverständlich legte sie sich in das neue Körbchen, das wir ins Wohnzimmer hinter die Tür gestellt hatten. Zusätzlich hatten wir Sitzauflagen für Gartenstühle vor das große bodenlange Fenster gelegt für den Fall, dass unsere neue Freundin gerne nach draußen schauen möchte.

Der Tag verlief sehr gut. Es kam uns so vor, als ob Luna schon immer bei uns gewesen wäre. Wir liefen mit ihr in der Umgebung herum und verwöhnten sie mit ausgiebigen Streicheleinheiten wie Fellbürsten oder einfach nur Kuscheln. Und als die Zeit kam, wieder zurück zum Tierheim zu fahren, taten wir Zweibeiner das eher widerwillig. Dass es Luna ähnlich ging wie uns, hatten wir so im Gefühl.

Ein neues Zuhause

Von jetzt an ging alles ganz schnell. Luna blieb nun schon ganze Wochenenden bei uns. Es gab keine einzige negative Erfahrung mit ihr. Sie war folgsam, unkompliziert und einfach nur lieb. Die Hausverwaltung war mit der Hundehaltung einverstanden, unsere direkten Nachbarn nebenan mochten Hunde allgemein sehr gerne, und so freuten wir uns auf unseren „Familienzuwachs".

Die Leitung des Tierheims erklärte sich mit einer neuerlichen Vermittlung einverstanden, und somit war Lunas Einzug in unsere Wohnung beschlossene Sache. Wir hatten zwischenzeitlich ein kleines Haus mit Garten gefunden, das wir im Begriff waren, zu kaufen. Das bedeutete auch weiterhin einen schönen Auslauf für Luna. Es war alles so perfekt, dass wir unser Glück kaum fassen konnten. Es gab in all den Monaten, in denen wir unsere kleine Mix-Hündin kennenlernen durften nicht eine einzige negative Erfahrung. Wir waren so optimistisch und von Euphorie erfüllt, als der große Tag von Lunas Umzug endlich kam.

Mittlerweile war es Herbst geworden. Wir fuhren, vorläufig zum letzten Mal, auf den Parkplatz des Tierheims, betraten das mittlerweile vertraut gewordene Gebäude und gingen ins Büro, um die Formalitäten zu erledigen. Luna wurde von einer Ehrenamtlerin aus ihrem Zwinger geholt, die auch die wenigen Habseligkeiten unserer Hündin vor die Eingangstür stellte.

In der Zwischenzeit hatten wir das Problem mit dem Anschnallen auf der Rückbank gelöst. Da Luna zu sehr gestresst war, wenn sie aus dem Fenster schauen musste, hatten wir vor Wochen eine Hundebox für den Kofferraum gekauft. Seitdem waren die Autofahrten entspannt und vor allem *ruhig*.

Der Tierabgabevertrag ersetzte die Pflegever-einbarung, und von nun an gehörte Luna zu uns. Glücklich verließen wir das Tierheim. Ab da begann die eigentliche Lebensreise mit unse-rer Hündin – es würde ein hartes Stück Arbeit werden.

Teil 2

Was bin ich?

Luna lebte erst einige Tage bei uns, als mein Mann eine interessante Anmerkung machte: „Eigentlich möchte ich schon gerne wissen, von welchen Rassen Luna denn nun wirklich abstammt."

Jeder, der Luna kennenlernte, hatte eine andere Idee zu ihrer Abstammung. Da gab es zum Beispiel die *Schäferhund-Husky-Mix* Theorie. Oder die *Schäferhund-Retriever-Mix Hypothese.* Ihr Stockhaarfell war wirklich das eines echten deutschen Schäferhundes. Aber die gesamte Statur erinnerte eher an einen kleinen Sennenhund. Einen ausgeprägten Jagdtrieb besaß sie offensichtlich nicht. *Also wohl nichts in Richtung Terrier,* dachte ich mir. Es war wirklich verwirrend. Wir wollten Klarheit. Zumindest die Wesensmerkmale der dominierenden Rasse wären interessant für die weitere Erziehung.

„Zur Bestimmung von Rassen gibt es Labore. Da muss man nur eine Speichelprobe einsenden, und die Mitarbeiter dort analysieren dann die genetische Zusammensetzung. Und somit wissen wir endgültig Bescheid."

Ich fand die Idee gut. Also nahmen wir Luna etwas Speichel aus dem Maul, was auch vollkommen problemlos verlief. Natürlich übernahm mein Mann diese Aufgabe. Er war definitiv der Mutigere von uns beiden.

Wir schickten die Probe ein und erhielten nach einigen Wochen das Ergebnis: Unsere Luna war zu großen Anteilen ein Collie!

„Wie jetzt?", meinte mein Mann, „das hätte ich jetzt nicht gedacht. Du etwa?"

„Ich glaube, die haben da einen Fehler gemacht", antwortete ich überrascht. „Sie sieht

doch überhaupt gar nicht aus wie ein Collie!"
Und da war ich mit ganz sicher. Schließlich gehörten Collies zu meiner absoluten Lieblings-
hunderasse. Luna sollte ein Collie sein? Wir la-
sen den Bericht weiter.

„Da steht ja auch nicht nur Collie, sondern
Kurzhaarcollie, also eine andere Art von Collie."

Wir mussten erst einmal das Internet befragen.
Dort gab es etliche Abbildungen von Kurzhaarcollies. Aber überzeugt war ich immer noch
nicht.

Der Bericht ging noch weiter. Auf Seite zwei
stand, Luna hatte Anteile von einem Bloodhound!

Wir hatten bemerkt, dass sie extrem gut und
gerne Dinge erschnüffelte. Aber ein Bloodhound war doch viel größer als sie. Und überhaupt hat Luna rein äußerlich gar nichts von einem Bloodhound. Sehr merkwürdig das Ganze.
Aber es gab ja noch ein drittes Ergebnis.

Und da stand es endlich: Sie hatte ebenso Anteile eines Schäferhundes. Na also. Allerdings

war der potentielle Anteil kleiner als vermutet.

Ein Collie also. Nach all den Jahren hatte ich nun endlich meinen Collie! Und das völlig unvermutet. Ich hatte Tränen in den Augen vor Freude.

„Siehst du Schatz? Endlich bekommst du, was du dir schon so lange gewünscht hast."

Der Alltag

Für die Eingewöhnung von Luna hatte ich mir einige Tage frei genommen. Ich fand, meine neue Freundin sollte sich erst einmal in Ruhe an ihre neue Umgebung und an unseren täglichen Rhythmus gewöhnen. Wir fragten uns, ob sie überhaupt in der Wohnung alleine bleiben konnte. War sie das bisher schon gewohnt geworden? Keiner konnte uns im Tierheim dazu Auskunft geben. Die Vorbesitzer hatten sich dazu nicht geäußert, und so gab es nur Achselzucken. Für alle Fälle hatte ich zusätzlich zu dem Fachbuch über Kurzhaarcollies noch ein Buch zum Thema *Trennungsangst bei Hunden* besorgt.

Mein Alltag mit Luna lief leider nicht immer

rund. Ich bemerkte bald, dass sie sich anderen Hunden gegenüber auffällig verhielt. Sie bellte und schmiss sich mit voller Kraft in die Leine, so dass ich am anderen Ende alle Mühe hatte, nicht das Gleichgewicht zu verlieren. Außerdem hatte sie offensichtlich ein Problem mit männlichen Passanten. Da konnte ich das gleiche Verhalten beobachten. Bei unseren früheren Spaziergängen in der Nähe des Tierheims war mir das nie wirklich aufgefallen.

Ich fühlte mich manchmal ein wenig hilflos, wenn ich mit ihr unterwegs war. Ich wollte nicht wie eine Wilde an ihrem Hals zerren, um sie wieder auf Kurs zu bringen. Meiner Meinung nach war das viel zu aggressiv. Mein Mann riet mir, Konfrontationen zu vermeiden, indem ich anderen Tieren schon von weitem auswich oder die Straßenseite wechselte. Wie wir aber das eigentliche Verhalten abstellen sollten, wusste er leider nicht. Dieses mal bestellten wir als Ratgeber eine Hundezeitschrift im Abonnement.

Zu unserem Alltag gehörte natürlich auch unsere Arbeit. Bevor Luna zu uns kam, arbeitete ich an drei Tagen in der Woche. Das änderte sich aber, nachdem ich meiner Vorgesetzten mitteilte, dass seit kurzem ein Haustier bei uns eingezogen war. Ich bat sie, meinen Arbeitsplan so umzustellen, dass ich nun täglich auf Arbeit sein würde, aber immer nur für ein paar Stunden. Dann müsste Luna nicht so lange zu Hause alleine bleiben. Sie fand die Idee augenscheinlich nicht so gut, änderte den Plan dann aber kurzfristig um. So weit so gut.

Zum Glück war es Luna nicht wichtig, ob ihre neuen Halter zu Hause waren oder nicht. Sie legte sich immer schnell wieder hin, wenn mein Mann die Wohnung verließ, jaulte nicht und schlief rasch wieder ein. Ich fragte die Nachbarn, ob sie irgendwelche Laute hören würden, wenn ich mal kurz zum Einkaufen fuhr. Der nächste Supermarkt war tatsächlich nur drei Autominuten von unserer Wohnung entfernt. Die Hündin war also am Anfang nur ganz kurz alleine – probehalber. Die Nachbarn hatten keinen Laut aus unserer Wohnung gehört und bestätigten mir freundlich, dass Luna eine sehr angenehme neue Mieterin war.

Wir wollten trotzdem sichergehen, dass Luna auch in einer Tierpension untergebracht werden konnte, wenn die Situation es erfordern sollte. Zum Glück gab es eine in der Nähe, die auch einen Betreuungsplatz für Luna frei hatte. Wir machten einen Termin zur Besichtigung der Einrichtung. Schließlich wollten wir uns alle einmal gegenseitig beschnuppern.

Ich ahnte zu der Zeit noch nicht, dass an manchen Tagen die Pension eine zweite Heimat für Luna werden würde.

Die Tierpension

Wir erschienen pünktlich zum Termin in der Tierpension und wurden sehr nett empfangen. Das Gebäude machte einen guten Eindruck auf uns, und die Betreuung schien ausgezeichnet zu sein. Es gab große Außengehege, Quarantäne-Zonen und einzelne kleine Außengehege für Tiere, die sich schwer in eine Gruppe einfügen konnten. Die Aufenthaltsräume für die Hunde im Hause waren liebevoll gestaltet worden. Der Ort schien für unsere Luna ein sicherer Hafen für Notfälle zu sein.

Auch heute muss ich sagen, dass ich ohne die Unterstützung und Unterbringung oft aufge-schmissen gewesen wäre und kann mich gar nicht genug bedanken für die fürsorgliche Be-treuung unserer Hündin.

Wir schlossen den Betreuungsvertrag mit der Tierpension und merkten gleich an, dass Luna meist nur einen Tag in der Woche in die Pension kommen würde. Ich fügte noch hinzu, dass sie sich eventuell eher schlecht mit Artgenossen verstehe. Ob das immer der Fall sei, könne ich aber leider nicht sagen. Dafür lebe sie noch nicht lange genug bei uns. Die Mitarbeiterin konnte uns beruhigen. In der Pension ginge man immer individuell auf die Tiere und ihre Bedürfnisse ein.

Luna muss weg

Lunas erster Besuch in der Tierpension ließ leider nicht lange auf sich warten. Da ich als Aushilfskraft angestellt war, kam es manchmal vor, dass ich einen Kollegen oder eine Kollegin auf Arbeit vertreten musste. Das war nicht oft der Fall, aber verhindern konnte man das natürlich nicht. Und somit trat der Ernstfall ein: Luna musste einen Tag in der Pension verbringen.

Ich brachte sie früh morgens zur Unterkunft. Eigentlich hatte ich dabei ein gutes Gefühl, denn Luna war an das Leben in einem Zwinger gewöhnt: traurig, aber entsprach leider der Wahrheit.

Luna ging auch ohne zu zögern mit der Pflegerin. Zwar nicht euphorisch, aber doch ohne Widerstand. Die anderen Hunde in der Pension kläfften in einer wahren Kakophonie so dass die Pflegerin und ich uns kaum austauschen konnten. Ich bewunderte, wie sie die Hunde mit einem einzigen energischen Pfiff zur Ruhe brachte.

„Ich hole sie dann kurz nach 15 Uhr wieder ab." „Das ist gar kein Problem. Es ist immer jemand hier für eine Übergabe", informierte mich die Mitarbeiterin.

Ich bedankte mich und ging zurück zum Auto, sah dabei meiner tapferen Hündin nach, die zu einer Gruppe Hunde in ein großes Gehege gebracht wurde. Was dann kam, war herzzerreißend. Sie ignorierte die Meute vollständig und lief schnurstracks zum Zaun, an dem ich das Auto geparkt hatte. Dabei bellte und jaulte sie, dass sich mir die Haare aufstellten. Luna lief den Zaun ab, immer wieder, sprang daran hoch, denn sie wollte augenscheinlich zu mir und nicht in der Pension bleiben. Irgendwie wusste ich, dass hier gerade etwas falsch lief.

Luna sah richtig gehend panisch aus, als ich mich umdrehte, in das Auto stieg und ohne sie fortfuhr. Ich hatte dabei ein unheimlich schlechtes Gewissen. Mir war zum Heulen zumute, aber ich fuhr trotzdem los.

Das ist bestimmt nur am Anfang so, machte ich mir selber Mut. Schließlich war ja alles neu für meine Hündin. Insgeheim hoffte ich jedoch, dass ich sie nicht jeden Tag abgeben musste.

Es fiel Luna am Anfang extrem schwer, sich von uns zu trennen und in der Pension zu bleiben. Ihre Panik verflog am Tage nur langsam, erzählten mir die Mitarbeiter. Sie lief die meiste Zeit am Zaun auf und ab und hielt nach meinem Wagen Ausschau.

Luna darf auch heute noch, wann immer es von der Belegungszahl her möglich ist, in einen eigenen Raum mit anschießenden Auslauf. Damit hat sie Ruhe vor dem Stress, den die anderen Tiere ihr, natürlich unwissend, zufügen. Luna mag es halt ruhig und gemütlich.

Auch nachdem Luna das Leben in der Tierpension akzeptiert hat und sich mittlerweile gut zurecht findet, geben wir sie nur im äußersten

Notfall in die Pension. Ich denke, was man bei einem ehemaligen Heimtier nicht unterschätzen sollte, ist die Angst, wieder abgeschoben zu werden. Denn eines wird das Tier sicher nicht wollen: wieder den Anschluss an eine Familie verlieren.

Die Maske fällt

Luna und ich lernten uns in der Zeit, die ich alleine mit ihr zu Hause verbrachte, besser kennen. Mein Collie-Mix hatte sich nun an den Tagesablauf in unserem Hause gewöhnt und hatte sich einen Lieblingsplatz für ihr Körbchen gesucht. Nachts lag sie neben meinem Bett und ich bemerkte, dass sie laut und genießerisch schnarchen konnte. Sie war eine verschmuste neue Hausgenossin, die klassische Musik liebte und überaus schlau war. Das bemerkte ich immer wieder, wenn ich ihr neue „Tricks" beibrachte. Aber leider verlief nicht immer alles so harmonisch.

Nach einer Weile bemerkten wir Eigenarten an Luna, die uns nachdenklich machten. Zum Beispiel konnten wir ihr nicht erlauben, mit uns abends gemütlich auf dem Sofa zu sitzen. Sie hatte sehr schnell die Couch für sich entdeckt und offensichtlich den alleinigen Anspruch auf unser Möbelstück erhoben. Wenn wir uns ihr und der Couch näherten, zeigte sie die Zähne und knurrte leise.

Auch das Füttern erwies sich als anstrengend, denn sie duldete beim Essen niemanden in einer Reichweite von fünf Metern um ihren Napf herum.

Wenn es an der Tür läutete, lief unsere Hündin blitzschnell zur Tür und bellte wild. Ich konnte nicht mehr an die Tür gelangen, um sie zu öffnen: an Luna war kein Vorbeikommen. Mit am ganzen Körper aufgestelltem Fell benahm sie sich geradezu hysterisch. Ich musste es hilflos geschehen lassen.

Manchmal versuchten wir mit ihr zu spielen, gaben ihr einen Ball oder versuchten zu toben. Jedoch vergebens. Sie benahm sich völlig desinteressiert, so dass jeder Versuch von uns abgebrochen wurde.

Oft verschleppte sie Gegenstände in ihr Körbchen. Wollten wir sie uns zurückholen, knurrte sie sehr bestimmt und stellte sich auf, jederzeit zum Sprung bereit. Wir machten dann einen weiten Bogen um sie, bis sie das Interesse an dem Gegenstand verloren hatte. Mit Leckerli lockten wir die Hündin dann weg, um uns das gestohlene Teil wieder zu holen. Oft hatte Luna sich dann schon mit ihren Zahnabdrücken auf dem Gegenstand verewigt.

Ich konnte nach einigen Wochen mit ihr im Haus verstehen, warum es für Menschen schwer war, mit ihr zu leben. Luna wollte mit Bestimmtheit klarstellen, dass ein neuer Sheriff in der Stadt war und wir uns nun zu fügen hatten, um es mal salopp auszudrücken. Ich denke, ich reagierte falsch, indem ich immer vorsichtiger im Umgang mit ihr wurde. Ich fühlte mich in manchen Situationen völlig überfordert und wusste oft nicht, wie ich mich verhalten sollte. Für mich war es eine Verwandlung oder Wesensveränderung, die in ihr vorging. Es war, als würde mein kuscheliger Hund sich manchmal, wenn sie gereizt wurde, in ein unberechenbares Monster verwandeln. Wie sie so dastand, mit gefletschten Zähnen, den ganzen Körper angespannt, war sie regelrecht furchteinflößend. Ich fühlte mich zunehmend mit dem Tier überfordert, wusste nicht, wie ich reagieren sollte und hatte manchmal Angst vor einer Attacke. Darum lief ich die meiste Zeit mit Leckerlis bewaffnet herum, um meinen Hund im Notfall gnädig stimmen zu können.

Was war da nur schief gelaufen? Was hatte sie erlebt, um zu so einem unberechenbaren Tier zu werden?

In die Ecke gestellt

Ich erinnere mich genau an die Situation, die alles veränderte. Luna und ich waren allein, mein Mann auf der Arbeit. Ich war gerade dabei, die Wohnung zu putzen und hatte zu diesem Zweck das Schlafzimmerfenster weit geöffnet. Ich war mir sicher, dass ich die Tür hinter mir geschlossen hatte, als ich das Zimmer betreten hatte. Aber das war wohl nicht der Fall gewesen, denn Luna stand plötzlich neben mir und starrte auf das weit geöffnete Fenster. *Oh nein, jetzt haut sie ab.* Der Gedanke kam mir augenblicklich.

Da nahm sie auch schon Anlauf in Richtung Fenster. Ich hatte solche Angst, dass sie hinausspringen und weglaufen würde. Und dann? Auf Rückrufe reagierte sie nicht wirklich. Und was wäre, wenn jemand um die Ecke kommt. Im schlimmsten aller Fälle ein Mann mit Arbeitsschuhen. Darauf reagierte sie besonders irrational, hatte ich herausgefunden. Würde Luna die Person tatsächlich angreifen, wenn sie die Chance dazu bekam?

Ich war in Panik und reagierte schnell. Ich griff nach ihrem Halsband, das sie auch in der Wohnung immer trug und hinderte sie so am Laufen. Ein böser Fehler, wie ich sofort bemerkte. Lunas Körper versteifte sich, und ich ließ sofort das Halsband los. Sie ging zwei Schritte rückwärts und fixierte mich. Dann fing sie furchterregend an zu knurren und kam langsam auf mich zu. Dabei sah sie wieder aus, als würde sie gleich springen. Ich war wie gelähmt und hatte furchtbare Angst. So eine heftige Angst habe ich wegen ihr noch nie gehabt. Instinktiv drehte ich meinen Körper weg von ihr, drehte ihr jetzt also den Rücken zu und bewegte mich nicht. Konnte ich auch nicht. Ich war in Schockstarre. Sie hörte nicht auf, bedrohlich zu knurren. Es war klar, dass sie mich in die Zimmerecke drängen wollte. Und dann? Zum Glück fiel mir ein, was ich immer machte, wenn sie mich anknurrte – mit Leckerlis locken.

Langsam drehte ich mich zurück zu ihr, sah sie nicht an, fing aber leise an zu sprechen. Irgendein Singsang. Meine Körperhaltung devot. Ich sprach über Leckerlis; das weiß ich noch. Irgendwann, Gott weiß wie lange es gedauert hatte, drang ich schließlich zu ihr durch. Luna entspannte sich, stellte das Drohen ein und war wieder ganz die alte. Das offene Fenster war vergessen. Sie wedelte sogar freudig mit ihrer Rute. In dem Moment wurde mir klar - Ein Tierspezialist musste her!

Strategielos

Als mein Mann am Abend wieder zu Hause war, erzählte ich ihm augenblicklich von dem Vorfall. Mittlerweile hatte ich mich wieder beruhigt, jedoch war ich immer noch etwas verstört. Luna hingegen lag schlafend in ihrem Körbchen, nachdem sie ihren Alpha bei dessen Rückkehr wie immer überschwänglich begrüßt hatte.

Ich verstand immer mehr, warum Luna in das Heim abgegeben worden war. Es schien unmöglich, mit so einem unberechenbaren Tier unter einem Dach zu leben. Wer weiß, wann sie das nächste Mal auf die Idee kommen würde austesten zu wollen, wie weit sie bei mir gehen konnte. Ich fühlte mich ihr leider total unterlegen.

Mein Mann war fassungslos. Mit diesem aggressiven Verhalten uns gegenüber hatten wir nicht gerechnet. Unsere Hündin konnte doch so lieb und anhänglich sein. Was war denn nur los mit ihr?

Obwohl wir ehrlich erschüttert waren, kam uns nicht für eine Sekunde in den Sinn, Luna wieder zurück ins Heim zu bringen. Niemals!

„Die Idee mit dem Tiertrainer ist vielleicht nicht verkehrt. Kennst du jemanden?", wollte mein Mann wissen. Ich musste das verneinen. Wir wollten uns beide umhören und im Internet recherchieren. Und das möglichst bald. Solange durfte ich nicht vergessen, immer Leckerlis bei mir zu haben. Das war meine einzige Strategie gegen Lunas dominantes Verhalten. Die Hündin mit Spielzeug zu locken, funktionierte leider nicht. Wir hatten wirklich alles versucht und die unterschiedlichsten Hundespielsachen gekauft. Aber Luna mochte einfach nicht spielen.

Ich fragte mich jedoch gezwungenermaßen, ob ich durch die Leckerlis dieses ungewollte aggressive Verhalten noch verstärken würde. Schließlich bekam sie jedes mal, wenn sie sich mir gegenüber schlecht benahm auch noch eine Belohnung. Aber ich war an dieser Stelle völlig ratlos und hatte zunächst keine Alternative.

Der erste Hundetrainer

Ich muss an dieser Stelle sagen, dass ich meine Luna nichtsdestotrotz sehr in mein Herz geschlossen hatte. An eine Situation erinnere ich mich noch ganz genau, die meine Zuneigung zu ihr verdeutlichen soll.

Wir waren gezwungen, Luna für ein ganzes Wochenende in die Tierpension zu bringen. Solange hatten wir sie bisher noch nie dort untergebracht. Sonst blieb sie lediglich für einige Stunden dort. Noch nie war unsere Hündin über Nacht in der Pension gewesen. Aber es nützte nichts.

Leider hatten wir auch in unserem Bekanntenkreis niemanden, den wir Luna anvertrauen konnten. Wir sahen also keine Alternative. Luna musste zurückbleiben.Wir konnten sie bei bestem Willen nicht mit in die Großstadt nehmen. Bei unseren bisherigen Ausflügen in Städte hatte Luna große Probleme gehabt. Sie war mit dem Lärm, den vielen Menschen und Eindrücken offenbar komplett überfordert gewesen. Sie jaulte dann, wollte nicht gehen, setzte sich hin und machte sich dabei ganz klein. Man musste kein Experte sein, um diese Körpersprache lesen zu können. Um sie nicht weiter zu quälen, brachen wir dann die Ausflüge ab und gingen stattdessen lieber wieder in ein ruhiges Laufgebiet, damit sie sich von den psychischen Anstrengungen erholen konnte.

Ich hatte ein sehr schlechtes Gewissen, als ich sie telefonisch anmeldete. Nicht, weil ich den Mitarbeitern in der Pension nicht vertraute: mein Gefühl sagte mir, dass für Luna die Eindrücke aus der Zeit im Tierheim noch zu frisch waren. Wahrscheinlich dachte Luna, wir würden sie in der Pension lassen und nie wieder abholen. Das war ihr ja schon einmal im Tierheim passiert. Sicherlich war es für die Hündin traumatisch gewesen.

Aber so leid es uns auch tat: Wir mussten ohne Luna fahren. Die Pension war besser für sie als die lärmende Großstadt. Die Entscheidung war gefallen.

Als der Tag der Übergabe kam, war es für mich so schwer, sie zur Pension zu bringen. Ich schaffte es einfach nicht loszufahren, saß in der Küche mit ihren Sachen und suchte immer noch verzweifelt nach einer Alternative zur Pension. Mir fiel nichts ein, und ich fing an zu weinen. Luna lag im Körbchen und sah mich an. Nach einer kurzen Weile stand sie auf, kam zu mir und fiepte. Dann begann sie, meine Hände zu lecken und sich an mich zu kuscheln, so als würde sie verstehen, dass es mir gerade nicht gut ging. In solchen Momenten vergaß ich völlig die Sorgen, die ich ihretwegen hatte und auch meine Angst vor ihr. Sie litt mit mir, obwohl sie natürlich gar nicht verstand, warum ich eigentlich traurig war. Trotzdem blieb sie so lange bei mir, bis ich mich wieder beruhigt hatte.

Obwohl Luna einerseits mitfühlend und empathisch sein konnte, gab es auch eine dunkle Seite in ihrem Wesen. Es wurde Zeit, für Lunas Erziehung zu sorgen. Tatsächlich fanden wir durch Zufall einen Hundetrainer. Eine Nachbarin erzählte uns von einem fantastischen Herren, der ihr mit Rat und Tat bei der Anschaffung eines Welpen zur Seite gestanden hatte. Danach war er während der Eingewöhnung des Hundes ein kompetenter Ansprechpartner gewesen.

Das hörte sich doch erst einmal gut an. Eine persönliche Erfahrung mit einem Tierspezialisten zogen wir natürlich einer willkürlich aus dem Telefonbuch gewählten Nummer eines Tierprofis vor.

Nach einigen Tagen hatte ich den Namen und die Telefonnummer dieses Trainers im Briefkasten. Wir vereinbarten einen Termin in drei Wochen. Vorher ginge es leider nicht, sein Terminkalender wäre voll. *Wenn er so begehrt ist, dann muss er ja auch gut sein,* war mein Gedanke dazu.

Am Telefon schilderte ich dann noch kurz die Probleme, die speziell *ich* mit unserer Luna hatte. Für ihn hörte sich das gar nicht gut an. Er meinte, wir stünden wahrscheinlich kurz vor einem Beißvorfall.

Der Hundespezialist kam pünktlich zum vereinbarten Termin zu uns nach Hause, um Luna kennenzulernen. Er sah elegant gekleidet aus, gar nicht so, wie ich mir jemanden vorstellte, der täglich mit Tieren arbeitete. Aber Kleidung sagt ja bekanntlich nichts über eine Qualifikation aus.

Mein Mann war auch anwesend, denn das Problem mit Lunas Benehmen betraf uns ja schließlich beide.

Luna reagierte ganz nach Hundeart: Der Neuling in der Wohnung wurde streng beäugt und erst mal laut angebellt. So weit so schlecht. Der Trainer gab Luna daraufhin klar zu verstehen, dass sie jetzt erst mal Sendepause hatte. Und das nur durch seine Körpersprache. Ich fand das beeindruckend.

Dann setzte sich der Trainer auf unser Sofa und ließ uns die Probleme, die wir mit Lunas Verhalten uns gegenüber hatten, noch einmal erzählen. Dabei ignorierte er die Hündin wohlweislich, während Luna ihn die ganze Zeit anstarrte und jede Bewegung von ihm aufmerksam verfolgte.

Nach unseren Ausführungen meinte der Experte: „So wie ich das sehe, habe ich hier einen dreisten, unerzogenen Hund sitzen, der schnellstens diszipliniert werden muss. Ansonsten ist es eine Frage der Zeit, bis sie zubeißen wird. So, wie mich ihr Tier anschaut, wägt sie gerade ab, ob sie es mit mir aufnehmen kann. Sie möchten doch in Zukunft hier Gäste empfangen, oder?" Mein Mann und ich nickten.

„Dann beginnen wir am besten damit: Sie gehen jetzt mal vor die Tür und klingeln. Ich beobachte die Reaktion des Hundes." Der Tiertrainer zeigte dabei auf meinen Mann.

Wir trainierten diese Klingelsituation einige Male und bekamen sie gleich als Hausaufgabe bis zum nächsten Mal. Insgeheim dachte ich, der Trainer will wohl sicherstellen, dass er beim nächsten Besuch unbeschadet die Wohnung betreten kann.

Weil Luna bei jedem Klingeln einen Heidenlärm veranstaltete, gab der Experte uns einen Rat. An der Wand bei ihrem Körbchen sollten wir einen Ring anschrauben. An diesem Ring sollte eine Leine befestigt werden können, die Luna immer im Haus angelegt bekommen musste. Wir waren also aufgefordert, speziell für sie eine Leine anzuschaffen, damit ich ungehindert zur Haustür kann. Das sollte so lange der Fall bleiben, bis das Training hierfür beendet war. Und dann wäre für die weitere Erziehung ein Maulkorb sehr nützlich. In Zukunft würden wir Übungen mit ihr machen, die sie so sehr reizen würden, dass sie zubeißen könnte.

Ich wusste nicht wirklich, was ich erwartet hatte, aber ich bekam Angst. Bald sollte ich also

Situationen heraufbeschwören, die Luna so ärgern würden, dass sie mich bzw. uns am liebsten angreifen wollte. Ich wusste nicht, ob ich das konnte. Mein Hund sollte lieb und anhänglich sein. Ich wollte nicht das zähnefletschende Monster in ihr sehen, sondern ein ausgeglichenes Tier. Schließlich hatte ich die Situation immer noch vor Augen, als sie mich in eine Zimmerecke gedrängt hatte und ich fürchten musste, angegriffen und verletzt zu werden.

Der Trainer meinte, diese konfrontativen Aktionen wären notwendig, um zu zeigen, wer hier im Hause Herr oder Herrin war. Das hätte der Vorbesitzer wohl in der Vergangenheit versäumt.

Wir nahmen das erst einmal so hin und verabschiedeten uns von dem Hundetrainer, nachdem wir einen neuerlichen Termin abgesprochen hatten. Mit etwas Bauchweh sah ich diesem Tag jetzt schon entgegen.

Der zweite Termin

Nach drei Wochen besuchte der Hundetrainer uns zum zweiten Mal. Wir hatten in der Zwischenzeit nur einmal das Training mit der Türglocke gemacht. Das muss ich sehr zu unserer Schande gestehen. Den Wandring hatten wir nicht besorgt, dafür aber die Hausleine und den Maulkorb. Ich hatte das Gefühl, dass unser Hundetrainer nicht so sehr darüber erfreut sein würde, dass seine Anweisungen nicht vollständig ausgeführt worden waren. Leider hielt sich unsere Kooperation in bezug auf den Wandring in Grenzen.

Aber nun ging es zur zweiten Runde der Hundeerziehung. Unser Experte, musste ich bemerken, kümmerte sich überhaupt nicht um eine gute Beziehung zwischen sich und dem Tier. Er streichelte sie nicht, sprach sie nicht an oder brachte ihr Leckerli mit. Ich konnte mir darauf keinen Reim machen und nahm es einfach so hin. Er wusste ja als Hundeprofi, wie er zu verfahren hatte. Dass er einen guten Leumund hatte, stand ja außer Frage.

Der Trainer zeigte uns als erstes, wie man den Maulkorb anlegte. Also theoretisch. Wir sollten den praktischen Teil später mit Luna üben. Heute lag das Hauptaugenmerk auf dem Futternapf. Das war allerdings ein heikles Thema. Wir versuchten Lunas Futterplatz schnellstmöglich wieder zu verlassen, nachdem wir ihr den gefüllten Napf hingestellt hatten.

„Hier ist die Devise, dass Sie als Boss den Napf zum Essen freigeben", belehrte uns der Trainer. „In der Praxis bedeutet das: sie stellen sich vor den Napf und lassen den Hund solange vor ihren Füßen sitzend warten, bis Sie freiwillig zur Seite gehen und den Weg zum Napf freigeben."

Mein Mann wollte es als erster versuchen. Es war grundsätzlich eine leichte Aufgabe. Für uns war das auch nicht wirklich neu. Mein Mann hatte mir von Anfang an geraten, es so zu machen. Dann kam Teil zwei der Übung.

„Ich möchte jetzt, dass Sie versuchen, sich dem Napf wieder zu nähern, während ihr Hund frisst."

An das reibungslose Gelingen dieser Aktion hatte ich so meine Zweifel. Aus Erfahrung wusste ich bereits, wie Luna reagieren würde.

Mein Mann also wieder zuerst. Das gewohnte leise Knurren setzte ein. Er machte trotzdem weiter. Der Trainer hatte alles unter Kontrolle, hoffte ich. Mein Mann ging noch näher an Luna heran. Als Reaktion darauf kam ein sehr lautes Knurren aus ihrer Richtung. Der Profi blieb ruhig. Also ging mein Mann noch näher. Und da passierte es. Luna schnappte nach ihm. Sie zielte dabei auf seine Hand und streifte seine Haut.

Der trockene Kommentar des Profis lautete: „Darum trainieren wir das nächste mal mit Maulkorb. Damit DAS nicht passiert." Mein Mann besah sich seine schmerzende und leicht blutende Hand, sagte aber kein Wort. Wie selbstverständlich hatte er wieder einen Sicherheitsabstand zwischen sich und der immer noch grummelnden Luna gebracht. Für mich war absolut klar: ich mache diese Übung definitiv nicht mit Luna ohne fest sitzenden Maulkorb!

Der Hundekenner wollte nach diesem Vorfall das Training nun nach draußen verlegen. Ich war ehrlich gesagt mehr als einverstanden. Meine Finger sollten auf jeden Fall schön unversehrt bleiben!

Leider lief es laut dem Experten auch mit dem Spazierengehen nicht gut. Das fand ich seltsam, denn ich hatte immer ein gutes Gefühl bei unseren täglichen Rundgängen gehabt. Luna zog nicht an der Leine, lief brav voraus und schaute sich dabei immer regelmäßig nach uns um. Notfalls wartete sie auf mich, falls sich der Abstand zwischen uns zu sehr vergrößerte. Sie hatte bisher auch noch nie Lust gehabt, einen Hasen oder ein anderes Tier zu jagen, und auch Radfahrer bereiteten ihr keine Probleme.

Aber genau das war der springende Punkt. Luna lief immer vor uns her, und das galt es ab jetzt zu unterbinden. Von nun an durfte sie nur noch an unserer Seite laufen. Durch eine Handbewegung sollte sie in Zukunft davon abgehalten werden, uns zu überholen. Diese besondere Geste stellt für Hunde eine Drohung dar und wirkte einschüchternd. Der Sinn dieser Übung war es, Luna eine Führungsposition abzusprechen.

Der Coach zeigte uns an diesem Tag noch viele andere Möglichkeiten, Luna zu erziehen, damit wir mit ihr ein vernünftiges und ungefährliches Leben führen konnten.

Vieles davon erschien uns jedoch zu einschüchternd, und wir befolgten den Rat des Hundeexperten nicht. Andere Tipps probierten wir aus, scheiterten aber an Lunas großem Ego. Letztendlich beschlossen wir, den Hundetrainer fürs erste nicht mehr zu konsultieren.

Der Umzug

Endlich war es soweit: unser Haus war bezugsfertig. Luna gewöhnte sich schnell an ihr neues Heim. Hier hatte sie viel mehr Platz und noch einen Garten dazu. Als Hütehund bekam sie einen Platz an der Tür, wenn ich auf Arbeit war. Da konnte es mir ja egal sein, wer an der Tür klingelte und dass ich nicht die erste war, die den Gast begrüßte! Unsere neuen Nachbarn hatten keinerlei Probleme mit unserem Collie-Mix, denn auch hier erwies sich Luna als ruhiger Hausgenosse. Mir war es aber wichtig, die Hündin vor den Nachbarn fernzuhalten. Diese hätten sie gerne gestreichelt oder ihr Leckerlis gegeben. Aber ich traute Luna in dieser Angelegenheit nicht wirklich. Eigentlich überhaupt nicht. Einen weiteren Beißvorfall wollte ich auf keinen Fall riskieren.

Durch den Umzug verschwanden natürlich unsere Autoritätsprobleme mit Luna nicht. Ihr Verhalten war unverändert. Die Tipps, die wir von dem Hundetrainer erhalten hatten, setzte ich soweit um, als sie mir sinnvoll erschienen. Einen Wandring habe ich beispielsweise nie gekauft. Mir war klar, dass wir irgendwann die Probleme wieder in Angriff nehmen mussten. Aber vielleicht doch mit einem anderen Trainer.

Die Friedensstifterin

Luna ist in meinen Augen eine wahre *Friedens-stifterin*. Auch wenn sie manchmal dominant auftreten konnte: Streit, laute Worte oder eine aggressive Körperhaltung sind ihr zuwider. Wenn mein Mann und ich einmal nicht einer Meinung waren, spürte Luna sofort, dass die Luft brodelte. Sie gesellte sich dann zu uns und beobachtete Herrchen und mich ganz genau. Wenn es Luna zu bunt wurde, stellte sie sich oft zwischen uns, so, als wenn sie uns auseinander bringen wollte, damit die Situation nicht eska-lierte.

Leider missversteht Luna manchmal auch eine Situation. Ich denke da beispielsweise an meine

Verletzung am Finger, die ich mir beim Gemü-seschneiden zugezogen hatte. Der Schnitt blute-te ziemlich heftig. Ich rief nach meinem Mann, der sich die Wunde einmal ansehen sollte. Da-bei benahm ich mich etwas kindisch, quiekte und zog die Hand von ihm weg, als er sie be-handeln wollte.

Luna interpretierte daraufhin die ganze Szene als einen Angriff, verstärkt dadurch, dass mein freundlicher Helfer sich über mich gebeugt hat-te und ich mich auf dem Sofa klein machte. Luna zögerte nicht und schnappte nach der Hand meines Mannes. Sie wollte mir mit dieser Geste sicherlich nur beistehen und im Notfall ihr Frauchen beschützen.

Wir waren mittlerweile auch keineswegs über-rascht von ihrer Aktion und auf kleine, meist halbherzige Angriffe vorbereitet.

Auch bei anderen Gelegenheiten versuchte sie mich zu beschützen, indem sie sich vor mich stellte, wenn ihr eine Situation nicht geheuer war. Sogar nach meiner Freundin hat sie einmal geschnappt, als diese mich herzlich, aber völlig unerwartet umarmen wollte.

Meistens blieb es bei kleinen *Zurechtweisungen* von Luna. Ich war mir sicher, sie wollte niemanden durch ihr Eingreifen ernsthaft verletzen. Aber dieses Schnappen war etwas, dass ich nicht wirklich tolerieren konnte. Es kam nicht oft vor, aber zeigte uns immer wieder, dass die Arbeit mit ihr noch lange nicht beendet war.

Ein neuer Versuch

Mein Mann ist und war immer Lunas Nummer eins. Sobald er das Haus betritt, bin ich komplett abgeschrieben, praktisch unsichtbar. Sie springt an ihm hoch, um ihn zu begrüßen, wenn er von der Arbeit heimkommt. Danach folgt Luna ihm auf Schritt und Tritt und weicht nicht mehr von seiner Seite.

Das tut mir schon ein bisschen in der Seele weh. Ich kann es aber akzeptieren. Die beiden haben halt ein sehr gutes Verhältnis. Nur einmal, da war es mit dem Spaß vorbei. Luna vergaß bei einer kleinen Rangelei zwischen den beiden alle Vorsicht und schnappte nach meinem Mann. Es war nicht schlimm, aber sie war mal wieder über das Ziel hinaus geschossen.

Nach einer Krisensitzung beschlossen wir, einen neuen Hundetrainer zu beauftragen.

In einem Geschäft für Tierbedarf fand ich einen Aushang im Schaukasten. Eine Hundetrainerin stellte sich und ihre Arbeit darauf anschaulich vor. Für mich hörte sich das Ganze gut an, und ich beschloss, die genannte Telefonnummer anzurufen.

Die Frau war mittleren Alters und von der Bekleidung her so angezogen, wie ich es von einer Hundetrainerin erwartete. Das bedeutet, sie entsprach irgendwie meiner Vorstellung von einem Menschen, der sich beruflich mit Tieren beschäftigt und dabei gerne auch einmal schmutzig werden darf.

Sie besuchte uns zu Hause und baute als erstes Vertrauen zu unserer Hündin auf. Das gefiel mir sehr. Sie schaute sich alle Plätze an, die Luna im Haus für sich beanspruchte, fragte sichtlich interessiert nach allem, was wir ihr über die Vorbesitzer und ihre Vergangenheit zu erzählen wussten. Dann erkundigte sie sich detailliert nach der Problematik. Zum Abschluss machten wir kleinere Übungen, die für Luna offensichtlich der totale Spaß waren. Wir konnten es ihnen förmlich ansehen – hier stimmte die Chemie zwischen Mensch und Hund.

Die Trainerin erklärte uns bei den nachfolgenden Terminen (es waren letztendlich ziemlich viele), was wir an der Fütterung verändern sollten, damit es möglichst nie wieder zu bösen Zwischenfällen kommen wird. Sie erläuterte uns die Wichtigkeit der richtigen Leinenführung oder wie Luna kognitiv besser ausgelastet werden könnte. Bei ihren Übungen setzte sie nie auf Einschüchterung, sondern auf Belohnung. Leckerlis waren schon immer der Knopf gewesen, der Luna zum Mitmachen animierte. Jetzt lernten wir endlich, die Belohnungen richtig und effektiv einzusetzen.

Ich kann gar nicht sagen, wie dankbar wir für die Hilfe waren. Viele Alltagssituationen entspannten sich durch ihre kompetenten Ratschläge. Das Wichtigste war kurz gesagt gewesen, Luna den Stress zu nehmen, das Rudel anführen zu müssen. Dadurch, dass wir lernten, das Ruder in die Hand zu nehmen, übergab Luna ihre Vormachtstellung an uns ab und genoss es fortan, einfach ein Hund ohne besondere Verantwortung zu sein.

Endlich hatten wir den Schlüssel zum Grundproblem gefunden!

Teil 3

Der Zweithund

Nachdem nun Lunas Hundeerziehung allmählich die gewünschten Auswirkungen zeigte, entspannte sich unser Zusammenleben erheblich. Das heißt, glücklicherweise kam es seltener zu Auseinandersetzungen zwischen uns und unserem Vierbeiner.

Luna lebte nun schon über ein Jahr bei uns, als mein Mann ein Buch über die teilweise katastrophale Situation von Hunden in Italien las. Das Buch ging ihm so nah, dass er ständig mit mir darüber reden musste. Ich schnappte mir also das Buch, nachdem er es beendet hatte und vertiefte mich in die Materie.

Es war einfach nur grausam über die Situation von Hunden andernorts in Europa zu lesen. Natürlich ist für uns das Thema nicht neu gewesen. Aber wie bei so vielen unbequemen Themen macht man die Augen zu und hofft, das sich andere der Situation annehmen werden. Es ist schlimm, aber angesichts des großen Tierelends ist man doch sehr hilflos.

Meinen Mann ließ das Thema nicht mehr locker. Er beschloss, etwas daran ändern zu wollen, indem wir uns einen Zweithund aus dem Ausland holen würden. Ich wusste, er meinte es gut, aber ich meldete sofort meine Bedenken an. Luna sollte einen Hundekumpel bekommen? Ich wusste nicht so recht, ob das eine gute Idee war und sagte, wir sollten besser keinen neuen Hund bei uns aufnehmen; so leid es mir täte.

Aber mein Mann ließ sich nicht so schnell von seiner Idee abbringen. In wöchentlichen Abständen zeigte er mir Fotos von zu vermittelnden Hunden im Internet oder in der Zeitung. Es kostete mich viel Kraft in die Gesichter der Hunde zu sehen und zu wissen, dass sie bei uns kein neues Zuhause finden werden. Irgendwer würde sich, hoffentlich sehr bald, in sie verlieben und zu sich holen.

Etwa vier Monaten nachdem er das Buch gelesen hatte, zeigte mein Mann mir das Bild eines Rüden im Internet, der unserer Hündin ähnelte. Dieser Hund lebte bereits in Deutschland, kam aber ursprünglich aus Rumänien. Er hieß Viktor, war schon beinahe 10 Jahre alt und blind. Er brauchte dringend ein neues Zuhause, weil er sich momentan auf einer Pflegestelle befand. Viktor konnte dort aber nur kurz bleiben und sollte möglichst bald vermittelt werden.

Irgendetwas rührte mich an der Geschichte von Viktor. Blind und alt – keine guten Voraussetzungen für eine baldige Vermittlung. Wie traurig. Als er im Heim in Rumänien abgegeben wurde, verstand er wohl die Welt nicht mehr und verlor den Lebenswillen. Er fraß nicht mehr und magerte ab. Auf den Bildern war er verdreckt und nicht mehr als Haut und Knochen.

Daher nahmen die Verantwortlichen vor Ort Viktor in ihre private Obhut und versuchten alles Mögliche, um den kleinen Mischling nach Deutschland in die Vermittlung zu bekommen.

Als er hier ankam und seiner neuen Familie übergeben werden sollte, waren die aber von ihm enttäuscht und nahmen ihn gar nicht erst zu sich nach Hause mit. So blieb der Hund erst einmal auf der Pflegestelle.

Ich fand das so traurig, dass ich mit den Tränen kämpfen musste. Alt, krank und abgeschoben. Von Menschen aufgepäppelt nur um von anderer Stelle zu hören, dass man nicht gewollt ist. Was für ein Elend.

„Gib mir etwas Zeit, um über die Sache mit dem Zweithund nachzudenken", bat ich meinen Mann, „vielleicht sollte ich die Idee doch nicht gleich verwerfen."

„Das ist gut. Ich denke, Luna sollte einen Freund zu Hause haben, damit sie nicht so alleine ist, wenn wir arbeiten sind."

Ich nahm mir zwei Wochen Zeit zum Nachdenken.

Generalprobe

Es gab viel zu bedenken. Da war einerseits die finanzielle Seite. Ein Zweithund ist sicherlich ein bedeutender Kostenfaktor. Ich dachte da an Hundeschule oder Trainer, Futter, Versicherung, Steuer usw. Auch müsste ich Zeit einplanen für seine Eingewöhnung.

Geld, Zeit, alles schön und gut. Aber was war mit Luna? Würde sie überhaupt einen neuen Hausgenossen akzeptieren? Luna hatte ja oft Probleme mit anderen Hunden beim Spazierengehen. Aber wie verhielt sie sich eigentlich in der Tierpension, wo sie sich mit so vielen anderen Tieren arrangieren musste?

Ich fragte nach bei der Leitung der Tierpension und freute mich, dass sie sich für das Gespräch viel Zeit nahm.

„Es ist besser geworden mit der Zeit", erklärte sie mir. „Luna kann nicht mit jedem Hund. Sie ist da sehr eigen. Es kommt auf das Geschlecht und das Alter an. Junge Hunde nerven sie mit ihrem oft wilden Temperament. Luna mag generell keine schnellen Bewegungen. Wir geben sie deshalb nach Möglichkeit in das Außengehege mit den ruhigeren Tieren. Am liebsten ist sie aber ungestört."

Das war interessant. Es wäre also möglich, dass sie ein anderes Tier akzeptieren würde. Sie war aber lieber für sich. So hatte ich die Lage auch eingeschätzt. Viktor wurde also als Rüde vielleicht akzeptiert. Er ist auch schon älter und durch seine Blindheit garantiert langsam in seinen Bewegungen. Besonders in einer fremden Umgebung.

Um Lunas Sozialverhalten zu testen, lud ich eine Freundin mit ihrem fast erblindeten Rüden zu mir ein. Dabei beobachtete ich Lunas Reaktion auf den vierbeinigen Besuch. Hund und Halterin blieben einen ganzen Tag bei uns, und es lief im großen und ganzen gut. Keine Reibereien, alles blieb friedlich. Luna hatte die Generalprobe also bestanden. Vielleicht war das ja ein gutes Zeichen.

Am nächsten Tag rief ich bei der Vermittlungsstelle an.

Planungen

Der Herr von der Vermittlungsstelle war überaus begeistert, als ich ihm von unserem Interesse an Viktor erzählte. Er schwärmte mir am Telefon von dem kleinen Mischlingshund vor, der, obwohl er schon etwas älteren Semesters war, so viel Lust auf das Leben hatte.

Ich erklärte ihm daraufhin klar unsere Situation und meine Vorbehalte. Der Herr vom Verein war überzeugt, Viktor wäre der ideale Zweithund für unsere Familie. Er könne sich problemlos unterordnen und wäre dankbar für jede Aufmerksamkeit, die wir ihm geben könnten. Alles in allem stellte er ihn trotz seiner körperlichen Einschränkung als sehr pflegeleichten und unkomplizierten Hund dar.

Der Vermittler konnte mir auch noch etwas über das bisherige Leben von Viktor berichten. Anscheinend hatte er es bei seinem Vorbesitzer, einem älteren Herren, sehr gut gehabt. Als sein Herrchen dann verstarb, kam Viktor zu Verwandten, die ihn aber nach einiger Zeit ins Heim brachten. Als Hof- und Wachhund wäre er nicht zu gebrauchen gewesen aufgrund seiner Behinderung, meinten sie.

Als ich mir die Ausführungen meines Gesprächspartners anhörte wurde mir erneut bewusst, wie wenig ich über Lunas Lebensgeschichte wusste. War sie auch außerhalb von Deutschland aufgewachsen? Hatte sie es immer gut gehabt? Oder laut dem ersten Hundetrainer *zu gut* gehabt? War sie deshalb verhaltensauffällig geworden?

Ich erhielt die Telefonnummer der Pflegestelle, um einen Termin zum Kennenlernen auszumachen. Der Ort, an dem Viktor zur Zeit wohnte, war einige Stunden Fahrtzeit von unserem Zuhause entfernt. Daher mussten wir einen Termin am Wochenende finden, der für beide Parteien passend war.

Auch dieser Anruf verlief sehr erfreulich. Ich sprach mit einem älteren Herren, der sich überschwänglich freute, dass jemand Interesse an Viktor zeigte. Auch hier hörte ich nur Loblieder über den kleinen Mischling.

Wir erhielten kurz darauf viele sehr hübsche Fotos von dem Rüden, die in seinem Zuhause auf Zeit gemacht worden waren.

Der Termin für das erste Treffen zwischen Viktor und Luna wurde kurzerhand auf das kommende Wochenende gelegt. Wir hofften, dass die beiden Tiere sich verstehen würden und drückten uns selber fest die Daumen.

Das erste Treffen

Am Sonntag war es dann soweit: Wir traten eine etwas längere Reise an, um Viktor kennenzulernen. Wir waren ehrlich gespannt, wie unsere Hündin auf den älteren Rüden reagieren würde.

Als wir endlich ankamen, hatten wir Stunden im Auto verbracht und waren dementsprechend erschöpft. Trotzdem stellte sich eine gewisse Anspannung bei uns ein, als wir bei der angegebenen Adresse an der Wohnungstür läuteten. Luna wartete zunächst noch im Auto. Erst wollten wir Viktor ohne sie kennenlernen.

Der Hund war wirklich ein herzallerliebstes Geschöpf. Er begrüßte uns freundlich, ließ sich nach kurzem Zögern von uns streicheln und war dann sehr zutraulich. Man konnte sehen, dass er sich vorsichtig bewegte. Seine Schritte setzte er mit Bedacht. Dabei machte er aber keineswegs den Eindruck eines gebrechlichen alten Hundes, der sich auf seinen Altenteil zurückgezogen hatte. Mit seiner etwas tollpatschigen Art gefiel er uns auf Anhieb.

Aber die Entscheidung für oder wider den Zweithund hing ja nicht alleine von uns ab. Es wurde deshalb Zeit, Luna mit Viktor bekannt zu machen. Ein gemeinsamer Spaziergang bot eine ideale Möglichkeit für ein erstes Kennenlernen.

Wir hatten uns umsonst Sorgen gemacht wie es schien. Die beiden verstanden sich gut oder besser gesagt: Luna hatte nichts gegen Viktor auszusetzen. Das gegenseitige Beschnuppern fiel kurz aus. Dann widmete sich jeder seinen *Geschäften*. Wir ließen die beiden auch einmal von der Leine. Keine negativen Beobachtungen unsererseits. Auch dem Herren von der Pflegestelle gefiel, was er sah. Dabei ging es ihm nicht allein um die Interaktion der Tiere, sondern auch um uns als Halter. Er sollte einen Eindruck

von uns als potenzielle neue Besitzer von Viktor gewinnen und dann dem Tierschutzverein berichten, ob wir für Viktor ein geeignetes Match wären.

Nach einiger Zeit verabschiedeten wir uns von Viktor und seinem vorläufigem Herrchen, um die Heimreise anzutreten. Außerdem baten wir uns etwas Zeit aus, um zu überlegen, ob Viktor wirklich zu uns passen würde. Irgendwie waren mein Mann und ich etwas zögerlich. Luna hatte ganz gelassen auf den anderen Hund reagiert. Aber war Gelassenheit als Reaktion genug?

Wenn es nach uns gegangen wäre, dann hätten wir diesen wunderbaren Hund auf der Stelle mitgenommen und ein neues Zuhause gegeben.

Herz über Verstand

Der erste Schritt war getan. Wir drei hatten Viktor nun auf unterschiedliche Art und Weise *beschnuppert*. Jetzt war es an der Zeit, ihn probeweise bei uns aufzunehmen. Ich besprach dieses Anliegen mit dem Herren von der Hundevermittlung, der nichts einzuwenden hatte.

Damit sich unser Gast bei uns wohlfühlen konnte, kauften wir ihm verschiedene Körbchen, Decken, Näpfe, Leinen und so weiter. Zusätzlich bestellte ich noch Ratgeber zum Thema *Leben mit einem blinden Hund* und zur *Haltung eines Zweithundes*. Falls Viktor bei uns bleiben würde, musste ich schnellstmöglich einen Termin bei unserer Hundetrainerin arrangieren. Ich stellte mir das Zusammenwachsen eben nicht ideal vor, aber Anfangsschwierigkeiten gab es doch immer. Das hatten wir durch die Erfahrungen mit Luna gelernt.

Der vorläufige Besitzer brachte Viktor an einem Wochenende zu uns und erledigte auch die Formalitäten für die Besuchswoche. Jetzt waren wir gespannt auf Lunas Reaktion. Sie erkannte Viktor wohl nicht auf Anhieb. Jedenfalls ignorierte sie ihren Besucher völlig. Ignorieren war meiner Meinung nach besser als angreifen. So weit so gut.

Viktor lief vorsichtig los. Es war erstaunlich, wie mutig er sich dabei verhielt. Ich hatte erwartet, dass er sich nicht so rasch von der Stelle bewegen würde aufgrund seiner Blindheit. Aber er hatte keine Probleme, sich in dieser für ihn fremden Umgebung zurecht zu finden. Mir kam dabei der Gedanke, dass Viktor vielleicht gar nicht vollständig erblindet war. Was wäre, wenn er doch noch über etwas Sehkraft verfügen würde? Ich sollte demnächst einmal bei unserer Tierärztin vorsprechen. Aber erst würde ich die Besuchswoche abwarten und beobachten, wie sich alles entwickelte.

Unser Gasthund lebte sich erstaunlich schnell bei uns ein. Es war sofort klar, dass er am liebsten an meiner Seite blieb. Für ihn war ich der wichtigere Bezugsmensch. Wenn ich mich an den Esstisch setzte, um ein wenig zu arbeiten, kringelte sich der Mischling immer neben meinen Stuhl und nutzte die Zeit, um zu schlafen. Sobald ich aufstand, folgte er mir wieder auf Schritt und Tritt.

Obwohl Viktor wohl kaum oder gar nicht sehen konnte, begann ich, ihm Kommandos beizubringen. Es war erstaunlich, wie gelehrig er war. Dabei zeigte er mir immer wieder, wie viel Freude er an allem hatte. Er liebte das Spazierengehen mit mir. Manchmal nahm ich die Gelegenheit wahr und ging erst mit einem Hund, dann mit dem anderen. Aber auch zusammen mit beiden zu gehen stellte nicht wirklich ein Problem dar. Viktor überließ Luna immer die Führung.

Er liebte sein Körbchen und spielte dort immer mit seinen Kuscheltieren. Heute weiß ich, dass es ein großes Zeichen des Vertrauens ist, wenn ein Hund sich im Spiel verlieren kann. Es bedeutet, dass er keine Angst hat und sich richtig wohlfühlt. Viktor schenkte uns einen so großen Vertrauensvorschuss, nicht ahnend, dass seine Zeit hier bei uns begrenzt sein würde.

Es dauerte wohl eine Weile bis Luna realisierte, dass dieser andere Hund gekommen war, um zu bleiben. Nach zwei Tagen bemerkte ich eine massive Wesensveränderung an ihr. Anfangs begegnete sie dem Gasthund mit Desinteresse, mied ihn, und versuchte, ihr Leben so weiterzuführen wie bisher. Aber Viktor suchte immer wieder ihre Nähe. Vielleicht aus reinem Interesse an der Hündin, vielleicht, weil er manchmal Führung brauchte. Er ging dann zu Luna hin und blieb einfach vor ihr stehen. Unsere Hündin begann dann zu knurren, erst leise, dann mit Nachdruck. Ich beobachtete die Situationen ganz genau, um im Notfall eingreifen zu können und dazwischen zu gehen. Bisher hatte meine Hündin noch nie einen anderen Hund attackiert. Aber wie sicher konnte ich mir sein, dass sie es nicht doch tun würde, wenn sie sich überfordert fühlte.

Warum Viktor sich in diesen brenzligen Situationen nicht einfach umdrehte und das Weite suchte, kann ich nicht nachvollziehen. Er ging trotz Lunas Drohungen einfach nicht weg. Ich hatte Angst, dass unsere Hündin sich irgendwann entschied, doch mal klar zu stellen, dass dieser Rüde nichts in ihrem Revier zu suchen hatte. Ich entschärfte diese Situationen dann immer, indem ich Viktor mit Leckerlis von Luna weglockte.

Jemand erzählte mir einmal, dass Hunde das Gefühl der Eifersucht nicht kennen würden. Ich bin mir da aber nicht so sicher. Darum verstärkte ich meine Bemühungen, beide Tiere absolut gleich zu behandeln. Aber vielleicht war das auch ein Fehler. Hatte Luna etwa die älteren Rechte und musste deshalb vorrangiger behandelt werden?

Aber Luna war nicht nur die ganze Zeit darauf aus, die Zähne zu zeigen, wenn Viktor in der Nähe war. Mir fiel auf, dass sie den ganzen Tag lang völlig unentspannt war. Normalerweise schlief oder döste sie tagsüber und gab nur

Laut, wenn jemand sich dem Haus näherte. Aber jetzt mit einem Neuling im Revier war sie ständig wach und hielt nach ihm Ausschau. Vielleicht bildete ich es mir nur ein, aber ich fand auch, dass sie einen traurigen Ausdruck in den Augen hatte und hielt das für emotionalem Stress.

Als es dann wirklich so weit kam und Luna versuchte, nach dem Rüden zu schnappen, holte ich mir Hilfe. Ich fragte alle Bekannten, die irgendwie Ahnung von Hunden hatten, um Rat. Einige von ihnen kannten unsere Luna, andere nicht wirklich. Das Urteil fiel nach langen Diskussionen und Erläuterungen dann sehr schnell. Alle rieten sie mir, Viktor wieder zurückzubringen. Aufgrund von Lunas Verhalten und ihrem offensichtlich schlechtem seelischen Zustand war es ein Ding der Unmöglichkeit, die Idee mit dem Zweithund zu verwirklichen. Schweren Herzens meldete ich mich bei der Vermittlungs- und der Pflegestelle, erklärte die Umstände und bat darum, Viktor wieder zurückbringen zu können.

Unser Vorhaben war gescheitert

Luna bleibt Einzelhund

Nachdem Viktor wieder ausgezogen war, entspannte sich unsere Luna sichtlich. Sie war wieder ganz die alte, verschlief fast den ganzen Tag und zeigte die gewohnte Lebensfreude. Mein Mann und ich hingegen fühlten uns miserabel.

Wir hatten es nur gut gemeint. Wir wollten auch einem anderen Hund eine Chance geben bei uns zu leben und hatten gehofft, dass sich Luna mit einem neuen Hausgenossen anfreunden würde und vielleicht irgendwann die Rolle einer Ziehmutter für den blinden Viktor übernehmen könnte. Aber wir hatten die Situation falsch eingeschätzt. Luna war nicht in der Lage, eine Führungsposition einzunehmen. Es fällt schwer zu sagen: *eigentlich hätten wir es wissen*

111

müssen. Wir werden diesen Versuch nicht wiederholen. Luna wird der einzige Hund in unserem Haus bleiben.

Da wir also wussten, dass wir zu dritt bleiben
werden, haben wir stattdessen eine Patenschaft
für einen Hund aus dem Tierheim übernom-
men. So können wir zumindest ein wenig Un-
terstützungshilfe leisten.

Teil IV

Neue Möglichkeiten

Was war eigentlich Lunas Lebensgeschichte? Wo war sie aufgewachsen? Was hat sie als Welpe erfahren müssen? Konnte sie in ihrer Jugendzeit ausgiebig Junghund sein? War sie von ihren Haltern gut behandelt bzw. wenigstens artgerecht behandelt worden?

Wenn man einen Hund aus dem Tierheim bei sich aufnimmt, gibt es sehr oft niemanden, der diese wichtigen Fragen beantworten kann. Oft sind die Tiere aus anderen europäischen Ländern nach Deutschland gekommen, vielleicht wurden sie eingefangen, als sie auf der Straße lebten. Oder ein Tier ging durch viele Hände und wichtige Informationen gingen dabei verloren.

Glücklicherweise kannte ich Viktors Geschichte, die mir bestätigte, dass sein erstes Leben in Rumänien harmonisch gewesen war. Zumindest bis Viktor an Verwandte weitergereicht worden war und dann schließlich das Leben im Heim kennenlernen musste.

Welche Möglichkeiten hatte ich, um etwas über Lunas Leben *vor uns* herauszufinden? Gab es jemanden, der mir mehr über ihr vorheriges Leben erzählen konnte? Aber wo sollte ich diesen Menschen finden? Nur die Vorbesitzer, die sie nach dem Beißvorfall ins Heim gebracht haben, wären doch eine halbwegs vernünftige Informationsquelle, oder? Leider konnte mir das Tierheim, in dem wir Luna gefunden hatten, nicht weiterhelfen. Neben der Schweigepflicht gab es natürlich auch das nackte Unwissen. Ich dachte, ich müsste mich damit abfinden, keine weiteren Informationen über meine Luna erhalten zu können.

Da las ich einige Monate später in unserem Hundemagazin einen Artikel über Menschen, die intuitiv mit Tieren kommunizieren können. In dem Beitrag wurde über eine Frau berichtet, die mittels *Tierkommunikation* mit Hunden, Katzen und auch anderen Tierarten in Kontakt tritt. So können die Tiere mit ihren Besitzern mental interagieren.

Gut ausgebildete Tierkommunikatoren können sogar tief sitzende Traumata heilen.

Zuerst schien mir diese Idee einfach zu phantastisch und esoterisch. Menschen sprechen mit Tieren per Telepathie? Kann das wirklich sein? Tiere sprechen doch nicht in Worten! Also können sie uns doch auch gar nicht verstehen, wenn wir ihnen eine Frage stellen. Und dann auch noch unsere Fragen beantworten? Das erschien mir recht abstrus.

Außerdem: woher weiß ich, dass ein Mensch, der mit einem Tier kommuniziert, sich nicht einfach nur eine Geschichte ausdenkt? Vielleicht ist es da so, wie mit dem Wahrsagen - es kann stimmen, was einem dort über die Zukunft erzählt wird, oder eben nicht. Es könnten mir Geschichten über Lunas Leben erzählt werden, die der puren Fantasie entsprungen sind. Bestätigen kann mir Luna das Gesagte sicherlich nicht.

Ich blieb also zuerst skeptisch, behielt diese Idee mit der Tierkommunikation aber im Hinterkopf.

Da spielte mir der Zufall wie so oft in die Karten.

Auf der Geburtstagsfeier einer Arbeitskollegin lernte ich eine Frau mittleren Alters kennen. Sie wurde mir vorgestellt als eine sehr engagierte Tierschützerin, die sich speziell um die Belange von wild lebenden Katzen kümmerte. Ihre Art war herzlich, und ich empfand sofort Sympathie.

Sie erzählte mir von ihrer Arbeit als Tierkommunikatorin, und ich löcherte sie daraufhin mit Fragen. Ich schilderte ihr kurz von unseren Problemen mit Luna. Daraufhin nannte sie mir diverse Bücher, die sich mit dem Thema Tierkommunikation befassten und mir vielleicht weiterhelfen konnten, Lunas Verhalten richtig zu deuten.

An diesem Abend machte ich noch keinen Besuchstermin mit ihr aus, denn ich war nicht wirklich davon überzeugt, dass ich an die Wirkung der Tierkommunikation glauben konnte.

Der Besuch

Der Gedanke setzte sich jedoch in meinem Kopf fest und ließ mich auch Tage später nicht mehr los. Ich erzählte meinem Mann von der Begegnung bei meiner Kollegin. Er war skeptisch, genau so wie ich. Für ihn hörte sich das ganze nach Humbug an. Ich beschloss, mir eines der von der Tierkommunikatorin empfohlenen Bücher zu besorgen und mir einen weiteren Einblick zu verschaffen.

Das Buch war sehr fesselnd geschrieben worden, und ich las es schnell durch. Unter anderem wurde von Tiere berichtet, die als vermisst galten und mittels Tierkommunikation tatsächlich wieder gefunden wurden. Oder über Katzen, die regelmäßig im Haus markierten und von der Tierkommunikatorin nach dem Grund dafür gefragt wurden. Nachdem das vom Tier genannte Problem beseitigt war, trat das Markieren nicht mehr auf.

Wenn das Erzählte wirklich den Tatsachen entsprach, und die Geschichten in dem Buch nicht nur ausgedacht waren, dann könnte an der Tierkommunikation vielleicht wirklich etwas Wahres dran sein.

Ich beschloss es auszuprobieren und bat meine Arbeitskollegin um die Telefonnummer ihrer Bekannten. Was hatte ich schon zu verlieren?

Einige Wochen später kam die Tierschützerin zu uns nach Hause. Mein Mann war auf Arbeit, und ich hatte den Tag frei genommen. Ich war sehr aufgeregt und gespannt, wie alles von statten gehen würde. Erst einmal ist Luna nicht jedem Fremden gegenüber positiv eingestellt. Was wäre, wenn es keine Verbindung zwischen ihr und Luna geben würde? Ich fragte mich auch, ob ich gleich schreckliche Dinge zu hören bekommen würde, die für mich schwer auszuhalten waren? Und natürlich hoffte ich, dass die Tierkommunikatorin wirklich gut war.

Luna empfing unseren Gast an der Tür mit einer Herzlichkeit, die ich noch nie an meiner Hündin gesehen hatte. Wir hatten das Training mit dem Warten an der Haustür nicht weiter geführt. Darum war es immer eine Gratwanderung für mich zu entscheiden, wann eine Situation eskalieren könnte und Luna nach vorne preschen würde.

Doch hier war es anders. Schwanzwedelnd und um ihre Aufmerksamkeit heischend belagerte sie die Tierkommunikatorin, so dass ich kaum an meinen Gast heran kam. *Vielleicht lag es auch einfach nur daran, dass ich mit dem Tiertraining so konsequent war,* dachte ich. Es kann ja sein, dass Luna ihren starken Führungsanspruch mir gegenüber endlich abgelegt hatte, was der Erfüllung eines Traumes gleich kam. Oder die Tierkommunikatorin hatte Leckerlis in ihrer Hosentasche.

„Eigentlich ist es schwieriger, Tierkommunikation mit einem Tier zu versuchen, wenn es direkt bei dir ist. Über Distanzen geht es einfacher, meiner Erfahrung nach", informierte sie mich, während Luna fortwährend artig vor unserem Gast *Platz* gemacht hatte.

„Ich bin einfach neugierig, wie es aussieht, wenn du gleich mit Luna sprichst. Ich möchte einfach sehen, was du da machst. Darum habe ich dich zu uns eingeladen."

„Das ist in Ordnung", versicherte die Frau mir, „so klappt es natürlich auch. In den meisten Fällen freuen die Tiere sich, wenn sie mit uns sprechen können. Ich bin ganz zuversichtlich, dass Luna Lust auf ein Gespräch mit mir hat." Mein Hund himmelte unseren Gast weiterhin an. „Außerdem meine ich zu erkennen, dass sie fühlt, dass ich ihr helfen kann, falls es Traumata gibt."

Jetzt war ich richtig gespannt. Ob Tiere, in diesem Fall unsere Luna, wirklich fühlen können, wenn jemand medial begabt ist? In einem Fachbuch über Tierkommunikation habe ich übrigens gelesen, dass eigentlich jeder Mensch telepathisch mit Tieren kommunizieren kann. Man muss also keine speziellen Fähigkeiten auf dem Gebiet der Hellsichtigkeit aufweisen, laut der einschlägigen Literatur.

„Wo möchtest du denn arbeiten?", fragte ich meinen Gast.

„Wo ist denn Lunas Lieblingsplatz?"

„Im Flur unter der Treppe", antwortete ich.

„Dann möchte ich im Flur sitzen. Hast Du einen Stuhl für mich?"

Ich brachte ihr also einen bequemen Stuhl. Luna ging in ihr Körbchen und beobachtete unsere Besucherin von ihrem Platz aus.

„Kann ich eigentlich bei euch sitzen bleiben oder stört das sehr? Entschuldige, aber ich bin halt neugierig, wie du arbeitest." Ich wollte eigentlich dabei bleiben und hoffte, dass sie mich nicht wegschicken würde.

„Nein, nein, das ist in Ordnung, bleib ruhig hier bei uns."

Also holte ich einen zweiten Stuhl und setzte mich zu Luna und meinem Gast in den Flur.

„Hast du vorab Fragen, die ich deiner Hündin stellen soll?", wollte die Tierkommunikatorin wissen.

Ich hatte tatsächlich eine Liste mit den brennendsten Fragen verfasst, die ich Luna stellen wollte. Grob zusammengefasst war es wichtig für mich zu erfahren, wie ihr Leben bisher verlaufen war und ob sie körperliche Schmerzen hatte. Dann wollte ich sie noch wissen lassen, dass ich sie sehr lieb habe, dass ich mir immer einen Hund wie sie gewünscht hatte und dass sie jetzt für immer zu uns gehörte.

Dann musste ich noch erfahren, warum sie sich uns gegenüber manchmal aggressiv verhielt und ihr ganz klar zu verstehen geben, dass so ein Verhalten nicht akzeptabel war.

„Kannst du das denn alles von ihr erfahren?", wollte ich wissen, nachdem ich meine Liste vorgelesen hatte.

„Nur, wenn sie auch dazu bereit ist, sich mir mitzuteilen. Sie wird hauptsächlich in Bildern antworten und mir auch Emotionen übermitteln, denn du möchtest ja ganz spezielle Fragen über die Gefühle von Luna beantwortet haben, richtig?"

Ich bejahte das. Dann begann die Tierkommunikation.

Lunas Sorgen

Es folgten aufregende 30 Minuten, die sehr emotional geladen waren. Unser Gast benötigte in Abständen Taschentücher, die ich ihr dann reichte. Ich saß schweigend dabei und war selbst emotional berührt, obwohl ich gar nicht richtig verstand, was da zwischen den beiden vor sich ging. Mir war aber klar, dass Lunas Leben als Jungtier und auch danach der absolute Horror gewesen sein musste. Ich brauchte nur die Reaktion von der Tierkommunikatorin zu beobachten, um das zu wissen. Worte waren überflüssig.

Lunas Reaktion auf das Gespräch mit der Frau waren für mich genauso emotional berührend. Meine süße Hündin verhielt sich während der gesamten Dauer der Kommunikation sehr ungewöhnlich. Insgesamt war sie sehr unruhig, stand immer wieder von ihrem Platz auf und winselte leise. Sie schaute ständig die Tierkommunikatorin an, legte sich auch manchmal vor sie hin und jaulte. Dann stand sie wieder auf und leckte ihr in Abständen die Hände. Dann ging sie wieder zurück zu ihrem Körbchen. Ganz oft seufzte sie laut. Ich hatte das Gefühl, ein völlig anderes Tier vor mir zu haben. So ein Verhalten kannte ich von ihr bis dahin gar nicht. Was immer da zwischen den beiden vor sich ging – es war sehr stark und berührend. Ich wünschte mir heute, ich hätte das Geschehene gefilmt, damit man mir glauben schenken konnte, an welch einem emotionalen Ereignis ich teilnahm. Ich zweifelte nicht daran, dass unser Gast tatsächlich mit meiner Luna sprach und mir sicherlich gleich Antworten auf meine Fragen geben würde.

Die Kommunikatorin sprach während der halben Stunde, die der Austausch dauerte, sehr wenig. Sie fragte immer kurz nach, ob ich meine Fragen von der Liste noch einmal für sie wiederholen könnte. Einmal bat sie um Erlaubnis, eines der vielen Traumata, die Luna in ihrem Hundeleben erlitten hatte, heilen zu dürfen. Ich stimmte natürlich zu. Als Abschluss sandte sie dann noch Licht und Liebe in die Seele meines Tieres.

Dann begann sie über Lunas Leben zu erzählen, bzw. wiederzugeben, was sie soeben von meinem Hund erfahren hatte.

Luna hatte ihr viele traurige Bilder gesandt. Seit ihrer jüngsten Kindheit war sie ohne Kontakt zu anderen Hunden aufgewachsen. Sie erinnerte sich an einen Käfig, der immer enger wurde, als sie wuchs. Sie wollte ihren Besitzern gefallen und fragte sich, was an ihr denn so falsch war, dass sie immer alleine draußen im Käfig bleiben musste. Luna empfand es als Strafe, und oft hatte sie eine tiefe Angst, nie wieder aus dem engen Käfig heraus zu kommen.

Dann sah die Kommunikatorin eine karge Landschaft. Luna war dort mit einem Seil an ei-

nen Baum gefesselt worden. Es sah für die Tierkommunikatorin so aus, als wäre die Hündin
ausgesetzt worden. Wie lange konnte die Frau
nicht sagen, jedoch hatte Luna Todesangst und
schrecklichen Hunger und Durst. Irgendwann
wurde sie mit einem Wagen abgeholt, auf dem
schon viele andere Hunde saßen. Die Tierkommunikatorin sagte, Luna fühlte sich dort als Op-
fer. Die Hunde hätten ihr etwas angetan. Was
genau, konnte sie nicht erzählen. Wahrscheinlich ist sie gebissen worden. Auch die Menschen, die sie auf ihrem Wagen mitgenommen
hatten, waren nicht sehr liebevoll gewesen.
Luna erzählte von einer Eisenstange, die ihr ein
Mann auf den Rücken geschlagen hatte.

Dann zeigte Luna der Besucherin einen ihrer
Besitzer. Er hatte das Tier gequält, getreten, auf
den Kopf geschlagen. Luna hatte in ihrem Leben sehr oft Gewalt erlitten. Jeden Tag wurde
sie an einer Vorderpfote angekettet und hatte
insgesamt nur eine eingeengte Bewegungsfrei-
heit in der Wohnung.

Mehr konnte unser Gast von meiner Hündin über ihre Vergangenheit nicht erfahren. Aber das war auch schon mehr, als ich dachte, jemals erfahren zu können. Die Informationen an sich musste ich erst einmal verdauen. Was für ein schreckliches Leben hatte meine geliebte Luna vor unserer Zeit gehabt! Unvorstellbar, was sie durchlebt haben musste!

Das war die Vergangenheit. Über ihr heutiges Leben bei uns sagte Luna, sie müsste immer als Erste an der Tür sein, um ihre Mama zu beschützen. Wenn ein böser Mann versucht in das Haus zu kommen, darf er Mama nichts tun.

Uns Sachen und Kleidungsstücke zu stibitzen machte sie nur, damit wir sie nicht mehr weggeben können. Sie würde gerne immer bei uns bleiben und nicht mehr in einem Käfig leben. Also müssten wir sie für immer behalten, wenn sie ein Stück von uns hat. Das scheint wohl Hundelogik zu sein. Schmerzen hat sie in den Vorderpfoten und am Rücken, stellte die Tierkommunikatorin fest. Von Lunas Problemen mit ihren Vorderpfoten wussten wir bereits. Die

Tierheimleitung berichtete uns damals davon und meinte, die Schmerzen könnte als Folge aus der Zeit herrühren, als Luna angekettet in immer der gleichen Position liegen musste. Mit der Aussage, das Luna tagtäglich im Haus angekettet wurde, lag unser Gast also vollkommen richtig. Nach einer Untersuchung am Rücken unserer Hündin konnte später festgestellt werden, dass sie eine Art Bandscheibenvorfall erlitten hatte.

Den skeptischen Lesern und Leserinnen möchte ich nur kurz mitteilen, dass die Tierkommunikatorin im vornherein wirklich nur grob wusste, was für Probleme wir mit Lunas Verhalten hatten. Wir hatten nicht über die wenigen Informationen gesprochen, die wir über Lunas vorheriges Leben wussten. Die Kommunikatorin wusste nur, dass Luna aus dem Heim zu uns gekommen war.

Von den Schmerzen in den Pfoten wussten wir wie gesagt bereits seit wir Luna haben. Unsere Hündin bekam seitdem ein Pulver gegen die Schmerzen in ihr Futter. Auch das wusste unser

Gast nicht. Und da Luna weder humpelte noch Lautäußerungen des Schmerzes tätigte, wenn sie lief, war es auch für Außenstehende nicht sichtbar, dass Luna unter Schmerzen in den Vorderpfoten und im Rückenbereich litt.

Auch möchte ich sagen, dass vieles von dem, was wir an jenem Tag über Lunas Leben und speziell die prägenden Phasen in der Hundeentwicklung mit Hilfe von der Tierkommunikatorin erfuhren, sich sehr genau deckte mit dem, was Tiertrainer und Tierpfleger schon vermutet hatten.

Jetzt verstanden wir, warum Luna sich so schwer damit tat, wenn sie hinter Gittern in der Tierpension oder im Tierheim war. Wir verstanden, warum sie mich maßregelte, wenn es an der Tür klingelte, und warum sie so wütend auf Männer allgemein war. Es könnte ja jemand Böses vor der Tür stehen und mir etwas antun wollen. Daher musste sie zuerst an der Haustür sein und es mit dem Feind an meiner Statt aufnehmen. Von daher rührte das so oft vom Tier-

trainer und anderen Hundekennern beobachtete dominante Verhalten.

Und natürlich wollte sie nicht wieder von uns
weg. Hier gab es keinen Käfig; nur viel Freiheit,
keine Schläge, genügend zu essen, viele Streicheleinheiten und Nestwärme. Darum die dau-
ernden *Sockendiebstähle* und das böse Knurren,
wenn wir unsere Sachen zurück forderten.

Die Konsequenzen

Damit ergab sich für meinen Mann und mich eine neue Aufgabe: Luna sollte erkennen, dass sie mich nicht beschützen musste. Es war wichtig, dass ich in Zukunft eine klare Führungsposition einnehmen musste. Sowohl körperlich als auch in meinem Auftreten ihr gegenüber musste ich dominant sein, damit sie ihre Sorgen um mich aufgeben konnte.

Luna sollte sich nie wieder Gedanken darüber machen müssen, wieder abgegeben zu werden. Keinem Tier tut so etwas gut. Und einem Tier mit Lunas üblen Erfahrungen mit Menschen schon gar nicht. Darum war es dringend notwendig, dass ich meine Arbeitszeiten noch einmal überdachte.

Epilog

Heute geht es Luna augenscheinlich besser, als noch an dem Tag, als sie für immer bei uns einzog, um unserem kleinen Rudel beizutreten.

Wir können seit einigen Monaten beobachten, dass sie uns in ihr Spiel einbezieht. Dabei tobt sie, ohne uns wie früher weh zu tun. In einem Fachbuch habe ich gelesen, dass Hunde, oder höher entwickelte Säugetiere überhaupt, nur spielen, wenn sie keinerlei Nöte in Form von Hunger, Durst, Angst oder Ruhelosigkeit verspüren. Für uns ist es ein Zeichen, dass unser Schatz wirklich bei uns angekommen ist und uns endlich ihr Vertrauen schenkt. Sie sucht jetzt unsere Nähe und benimmt sich auch auf dem Sofa angemessen.

Ich kann nicht behaupten, dass Luna immer genau das tut, was wir verlangen und sich immer und in jedem Fall so verhält, wie wir das von ihr erwarten, aber im Vergleich zu früher haben wir eine Luna Version 2.0. Wir wollen unseren Schatz nicht mehr missen und sind im Nachhinein so unsagbar froh, so viel Zeit, Geld und Geduld in sie investiert zu haben. Sie ist jede Minute und jeden Cent wert. Luna gehört zu uns mit all ihren kleinen Macken. Ich bin so glücklich, dass sie ihren Weg zu uns gefunden hat.

Danksagung

Ich möchte mich bei allen bedanken, die mir mit Rat uns Tat zur Seite gestanden haben, wann immer ich Fragen zum Thema Hundeerziehung hatte. Ohne eure Hilfsbereitschaft wäre ich oft ratlos gewesen.

Ich danke meinem Ehemann, der mich ermutigt hat, dieses Buch zu schreiben und mir dafür den Rücken frei gehalten hat.

Zeitfracht Medien GmbH
Ferdinand-Jühlke-Straße 7
99095 Erfurt, Deutschland
produktsicherheit@kolibri360.de